読んでわかる やって身につく

解決志向リハーサルブック

面接と対人援助の技術・基礎から上級まで

龍島秀広・阿部幸弘・相場幸子
解決のための面接研究会
著

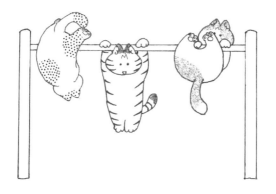

遠見書房

はじめに

　解決志向／構築アプローチ（以下，「ソリューション・フォーカスト・アプローチ」「SFA」「ソリューション」などと記すことがあります）は，今や対人援助の現場ではかなり広く知られる技法となっています。私たちが勉強会の仲間と一緒に最初の本を出版してから約10年経ちました。その後もそれぞれの立場で勉強を続け，実践の中でこの技法を使い続けてきました。また，対人援助の現場にいる人々やそれを目指して勉強中の人たちにこの技法を伝える努力もしてきました。教えることは最良の学びであると言われる通り，それによっていろいろな気づきがありました。

　私たち自身は時々「ソリューションを知る前はどうやってやっていたんだろう？」と訝るほどに，今やこの技法なしには現場の仕事が考えられません。しかし，ここに至るまではかなり長い道のりがありました。ソリューションは取っ付きやすいが奥が深い……はじめやすいけれど，習熟するには時間がかかるということを実感しています。初心者が陥りやすい間違いもたくさんあります。問題を聞いてはいけないと思い込んでいたり，昔の話をしたいクライエントに「過去を振り返るのはやめましょう」と言ってしまったり，のっけからミラクル・クエスチョンをして引かれてしまったり，質問攻めで相手を苦しめたり……私たちも初めの頃はよくそんな失敗をしました。試行錯誤の中で誰もがだんだん進歩してゆくのですが，なるべく失敗を減らし最短距離で進歩できるようなわかりやすい手引き，ていねいな解説書があればよい，そんな本を書きたいと考えるようになりました。

　もう一つ痛感したのは，ソリューションの面接は本を読むだけでは決して上達しないということです。私たちの月例勉強会はほとんどロール・プレイをしていますし，毎年1度開催している入門講座

1　「みんな元気になる〜対人援助のための面接法〜解決志向アプローチへの招待」　解決のための面接研究会　2006　金剛出版

も，それに続く実践講座もワークが大部分を占めています。この本もワークを主体にしたものにしたいというのが最初から3人（龍島，阿部，相場）の一致した意見でした。

 そうして私たちが何よりもお伝えしたいのは，ソリューションで一番大切なことは，技法や質問の上手な使い方ではなく（もちろんそれらも大切なのですが），その根本にある考え方なのだということです。その考え方とは，つまりこの本に書いたこと全てになるのですが，かいつまんで言えば「問題に囚われずに解決を目指す」「クライエントが何を望んでいるかが一番重要である」「クライエントの持っているリソースに目をつけ，それを拡大する」「どんなに弱っているクライエントでも必ず自分自身の解決を見出す力があると信じる」などなど，です。これらの考え方が自然に身についてくるに従って，面接がスムースに流れ，クライエントの変化を実感できるようになってきます。心理的援助の技法にはいろいろな流派がありますし，新しい技法もいろいろ出ている中でソリューションだけが正しいとか，有効だとか主張するつもりは全くありません。ただ，どんな立場に立つにせよ，ソリューションの考え方と技法を学んで身につけておくことは必ず役に立つと確信しています。例えば，ロジャーズ流の面接，認知行動療法，ソリューション以外のブリーフセラピーなどの心理療法，カウンセリングの基礎としても有効でしょう。特にソリューションと縁の深い「ナラティヴ」や「オープンダイアローグ」が近年人気が高いようですが，それらの技法の習得法はあまり書かれていません。これらの技法を行うための基礎訓練としてこの本とこの中のワークが役に立つはずです。また心理療法に限らず，教育，福祉や様々な相談の現場でも，スポーツの指導，リハビリテーション，会社経営でも，およそ悩みごとや困難を抱えた人がいるところならば，ソリューションの技法は違和感なく使えます。

 この本は，初めてソリューションに接する方が一人で読んでも理解できるように書いたつもりです。同時にある程度のソリューショ

はじめに

ンの知識と実践経験をお持ちの方に，ああそうだったのか！　という気付きをもたらすことも目指しました。そして，明日からの面接が少しでも楽になるなど，お仕事や生活の中で役に立つ本でありたいと願っています。

　そのためには，読むだけでなく是非ワークをやってみてください。一人で紙と鉛筆を用意して質問に答える，グループで役割を決めてやってみる，感想を話し合う，といった方法で活用してください。研修や継続的な勉強会のテキストとして，また大学や専門学校の授業で系統的に，あるいはどれかのワークを使っていただければとてもうれしいです。

　ここに挙げたワークはすべてが私たちのオリジナルという訳ではありません。インスーの研修，国内外の先生方の研修で教えて頂いたものも含まれていますが，私たちなりのやり方や解説を付け加えました。先輩たちに感謝し，お許しを頂きたいと思っています。

　インスーとピーターさんの本[2]は今も私たちのバイブルです。2015年急逝された森俊夫先生は面接の達人の極意[3]を遺して下さいました。その他にもソリューションやブリーフセラピーについて優れた本がたくさん出版されています。先輩たちには及びもつかない凡人の私たちですが，実践と勉強会を通じてシコシコと積み上げた経験が，後に続く方たちに少しでもお役に立てば幸いです。

（著者一同）

---

[2]「解決のための面接技法」ピーター・ディヤング，インスー・キム・バーグ著，桐田弘江ほか訳，第3版　2008，第4版　2015　金剛出版
[3]「ブリーフセラピーの極意」森俊夫　2015　ほんの森出版
「森俊夫ブリーフセラピー文庫①心理療法の本質を語る――ミルトン・エリクソンにはなれないけれど」森俊夫・黒沢幸子　2015　遠見書房
「森俊夫ブリーフセラピー文庫②効果的な心理面接のために――サイコセラピーをめぐる対話集」森俊夫ほか　2017　遠見書房

目　次

第1章　どこへ行きたいのですか?
　　　　　（問題解決と解決構築）……………………………… 11
　〈ワーク〉　1-1　問題を聞かずに問題を解決する（入門）……………… 14
　〈ワーク〉　1-2　過去・現在・未来のワーク（入門，初心）………… 19

第2章　何が伝わっているのでしょう?
　　　　　（コミュニケーション・関係づくり）……………… 23
　〈ワーク〉　2-1　サイレント・インタヴュー（入門，初心）………… 25
　〈ワーク〉　2-2　「TST」（入門，初心）………………………………… 28

　〈コラム　理論編〉　雑談についての雑談 ……………………………… 34

第3章　傾聴はしないの?
　　　　　（ソリューション的傾聴〜知らない姿勢）………… 38
　〈ワーク〉　3-1　「大切なものの話」（入門，初心〜）………………… 39
　〈ワーク〉　3-2　頑張っている事は何ですか？（入門，初心）……… 44

　〈コラム　理論編〉　ロジャーズとソリューション ……………………… 48

第4章　解決の材料は何?
　　　　　（リソース探し）…………………………………… 52
　〈ワーク〉　4-1　ネガポジ変換（入門，初心）………………………… 53
　〈ワーク〉　4-2　「欠点も人から見ると？」（入門，初心）…………… 56
　〈ワーク〉　4-3　「万引きをほめる」（入門，初心〜）………………… 57

　〈コラム　実践編〉　保健センターの乳幼児相談 ………………………… 62

第5章　リソースを見つけたらどうするの?
　　　　　（コンプリメント）……………………………… 65
　〈ワーク〉　5-1　自分をほめる ………………………………………… 66
　〈ワーク〉　5-2　「コンプる」シャワー（入門，初心〜）……………… 67

〈ワーク〉 5-3 「第三の耳」を育てる（初・中級）…………… 69
〈ワーク〉 5-4 連続コンプリメント
（中・上級者も参加して対象は初心）…………… 74
〈ワーク〉 5-5 ネガティヴ千本ノック（中・上級）…………… 76
〈ワーク〉 5-6 「変型判ネガティヴ千本ノック」（初・中級）…………… 78

〈コラム　実践編〉 高齢者の相談を担当する保健師 …………… 82

第6章 例外って簡単に見つかるの？
（例外探し）…………… 86
〈ワーク〉 6-1 例外を探し，その状況をていねいに聞く（初心）…… 90
〈ワーク〉 6-2 例外の周りを根掘り葉掘りしつこく聞く
（中・上級）…………… 92

〈コラム　実践編〉 精神科臨床で応用するソリューション …………… 96

第7章 どんな質問をすれば良いのですか？
（オープン？　クローズド？　スケーリング？）…………… 102
〈ワーク〉 7-1　A．簡単なスケーリング・クエスチョン（入門，初心）
…………… 107
〈ワーク〉 7-1　B．経験者向けの研修などで（初・中級）…………… 108

〈コラム　実践編〉 学校現場で活用する解決志向アプローチ …………… 116

第8章 役に立つ質問はありますか？
（ミラクルQとサポーズQ）…………… 123
〈ワーク〉 8-1 ミラクル・クエスチョンのやり方（初心〜）…………… 123

〈コラム　実践編〉 子育て支援のための相談室 …………… 132

第9章 大切な人は誰ですか？
（関係性の質問）…………… 136
〈ワーク〉 9-1 とにかく関係性の質問をやってみよう（初・中級）… 139
〈ワーク〉 9-2 経験者向け"とにかく関係性の質問をやってみよう"
（中・上級）…………… 145

〈コラム　実践編〉介護保険制度と介護支援専門員に求められているもの ‥ 148

第10章　どこから手を付けますか？
　　　　　（ウェルフォームド・ゴール）‥‥‥‥‥‥‥‥‥‥ 154

〈ワーク〉　10-1　24時間のワーク（初心〜） ‥‥‥‥‥‥‥‥‥ 157

〈ワーク〉　10-2　旅行代理店のワーク（中・上級） ‥‥‥‥‥‥ 160

〈ワーク〉　10-3　ゲーム性を高めた旅行代理店のワーク（上級） ‥‥‥ 163

〈コラム　実践編〉生活保護のケースワーカーとソリューション ‥‥‥‥ 166

第11章　どの質問をどんな順序で？
　　　　　（面接の流れ）‥‥‥‥‥‥‥‥‥‥‥‥‥‥‥‥‥ 170

〈ワーク〉　11-1　役割分担で面接を解剖する
　　　　　（中・上級者の許で初心〜）‥‥‥‥‥‥‥‥‥‥‥ 170

〈ワーク〉　11-2　面接の基本形（型）（中・上級者の許で初心〜） ‥‥‥ 176

〈コラム　理論編〉ソリューションとオートポイエーシス ‥‥‥‥‥‥‥ 184

第12章　面接をどうやって締めくくる？
　　　　　（フィードバック・メッセージの作り方）‥‥‥‥‥‥ 189

〈ワーク〉　12-1　フィードバック・メッセージを考え伝える練習
　　　　　（初心〜）‥‥‥‥‥‥‥‥‥‥‥‥‥‥‥‥‥‥‥ 194

〈ワーク〉　12-2　短い相談でフィードバック（初級〜）‥‥‥‥‥‥ 201

〈コラム　理論編〉ソリューションとオープンダイアログ ‥‥‥‥‥‥ 204

引用・参考文献 ‥‥‥‥‥‥‥‥‥‥‥‥‥ 208

解決志向リハーサルブック

第1章

どこへ行きたいのですか？（問題解決と解決構築）

〈どうやって援助しますか？〉

　この本では対人援助場面において援助される側の人たち（患者，来談者，利用者，当事者，生徒など）を便宜上すべてクライエントと呼び，援助する側の人たちセラピストと呼ぶことにします。

　さて，援助が必要になっているクライエントはどんな状態なのでしょうか？　あなたが担当されたクライエントの中で，一番（でなくてもかなり）大変だった場面を思いだしてください。相談にやってきた（あなたが訪問した，呼び出した）クライエントの状態は，図1，図2のような感じではないでしょうか？

　クライエントはたくさんの問題を抱えています。セラピストの立場にある人の多くは，まずクライエントの問題を一つ一つよく聴いて，一緒に解決を考えようとするでしょう。問題とその原因を探らなければ，解決を見出すことはできないと思っている方が多いと思いますが，このようなケースでそれをやっていると，解決は何年先のことになるでしょうか？

どうしたの？　障害物がいっぱ～い！
図1

何がしたいの？　ワカンナーイ！
図2

問題を解明しその原因を突き止めて解決するという方法は，機械の故障や社会事象では確かに有効です。でも日常の問題，特に親子，夫婦，近隣，友人等人間関係がからんでいる場合はどうでしょう？　関係は相互的なもので互いに影響し合い，どれが原因でどれが結果ともいえません。子どもの問題では親の育て方がよく問題にされますが，その親自身劣悪な環境で育ち，現在も大変な経済・社会状況にあることも多いです。過去にさかのぼって原因を突き止めたとしても，今さらどうにもならないことがほとんどです。解決イコール問題解決，そのためには原因追究が必要と考えていると，解決は容易ではありません。ところが，SFAではこれとまったく異なった考え方をします。

　ここでちょっと話は飛びますが，ある電気屋さんのテレビ修理のお話です。

　一人暮らしをしているおじいさんからTVが故障したので修理して，という依頼がありました。昔からの付き合いだったので「たしかあの家のテレビはかなり古い……」と思いつつ修理に行きました。案の定，ふるーいブラウン管テレビで，故障の原因はわかったものの部品はもう手に入らず，直せないことが判りました。

　そう伝えるとおじいさんがとても悲しそうな顔をしたので「新しいテレビを買ったら？　安いのもあるよ」と言ってみたところ，そんなお金はないとの返事。可哀想に思った電気屋さんは「テレビで何を見ていたのさ？」と聞いてみました。すると，おじいさんはあまり人付き合いが得意でなく話し相手もいないので，週末にやっている囲碁の番組が唯一の楽しみで，それ以外テレビは見ないとのことでした。

　電気屋さんは「そうなのかい！　それなら，町内の老人会で毎週水曜日に囲碁教室をしているよ。私も行っているから今度一緒に行こうよ」と誘ってみました。おじいさんはあまり乗り気ではなかったのですが，誘われるままにとにかく一緒に行ってみました。するとその囲碁教室ではおじいさんが誰よりも強いということが判り，みんなから「先生」と呼ばれるようになりました。今では毎週，楽

しんで教室に通っているそうです。

　さてこの場合，解決すべき「問題」は，テレビの故障ではなかったわけですね。それがわかったのは，電気屋さんの「テレビで何を見ていたのさ？」という質問でした。この質問は，その中に（電気屋さんが意図していたかどうかはわかりませんが），「このおじいさんにとって何が問題なんだ？」という問いと「このおじいさんにとって，どうなることが問題の解決か？」という問いが含まれています。このうち「どうなることが解決？」という疑問を重視するのがSFAの考え方，やり方です。そこがポイントです。「どうなることが解決？」のことを「解決のゴール」といいます。ゴールの周りには解決した時の情景やそれに関連したいろいろなイメージがあります。この解決イメージを探って，それを実現する方法を探すのがSFAのやり方です。あなたも日常生活で「どうしたいの？」とか「何したいの？」と聞くことって，ありますよねえ？そこからもうSFA的な発想が始まっています。

　問題の原因を探らない，それどころかそもそも問題を問題とせず，いきなり解決を考える……極端な場合，セラピストがクライエントの問題を全く知らなくても解決に進むことができるのです。インスー・キム・バーグ（インスーと私たちは呼んでいます）のワークショップで，電話相談で相談内容を聞く前にいきなり，「あなたの今日のご相談について，その問題がすべて解決したとしたら，どんな風になっていますか？」と聞く方法があると言われた時はびっくりしました。問題も聞かず原因もわからないのに困り事が解決できるなんて，とんでもないことのように思われます。でも日常生活で案外，こんなことが起きていたりするのです。

　セラピストがクライエントの問題を全く知らなくても解決に進むことができる……そんなことできる訳ないでしょ！と思う方もそうでない方も，以下のワークを一度体験してみてください。重大な悩みが簡単に，いっぺんに解決！ということは多分ないでしょうが，何らかのヒントが浮かんだり，光が見えたりすることは十分あり得ると思います。

では,ワークに入ります。この本の他のワークと同じく,ワークは数名〜数十名で行うようにプログラムしてありますが,1人でもできます。とりあえずクライエントの立場に立って,本を読みながらやってみて下さい。さあ,紙と鉛筆を用意して!

〈ワーク〉 1-1 問題を聞かずに問題を解決する(入門)

【一人ワーク】

紙と鉛筆を用意し,現在の自分の困り事を一つ考える。

以下【グループワーク】の⑤の問1〜 問5(ファシリテータの質問)の答を順次書いてゆく。

少なくとも10分以上かけてゆっくり考え,思いつくことはすべて書いてください。

答え終わったら⑥を参考に,その問題についての今の感じ方,始める前との変化,気づいたことなどをゆっくり考察してください。

【グループワーク】

① 所要時間:30分〜60分(人数によって全体シェアの時間が変化する)
② セラピスト役(ファシリテーター,進行役を兼ねる)1名,その他の人(何名でも)をクライエント役とする。
③ ファシリテータは,以下のように指示する。

「みなさんはクライエント役です。クライエントとして,あまり深刻ではない自分自身の困り事(問題)をひとつ考えてください」

④ ファシリテータは,あたかも面接している時のように,大勢のクライエントの顔を同時に見ながら,全員に噛んで含めるように語りかける。

語りかける言葉は,以下の通り,(⑤の問0〜問5)。一問1〜2分かけて,淡々とゆっくり,クライエントの様子をみながら進める(状況によってテンポは長短して良い)。

⑤ ファシリテータの言葉(【 】内はその質問のSFA的意味,名

称ですが，初めて接する方は読み飛ばしてください）
問0　これからいくつか質問をしますので，みなさんは，その質問について，自分自身の回答をメモしてください。では，始めます。
問1　その問題を解決するためにこれまでしてきたことを，できるだけいっぱい思い出して書いてください。【リソース探し：過去の努力】
問2　その中で，少しでも効果があったことは何ですか？【リソース：過去の成功】
問3　その問題が起きてもおかしくなかった（ひどくなってもおかしくなかった）状況なのに，起きなかった時はないか思い出してみてください。【例外探し】
問4　その時は，何がよかったのでしょう？　何が役立ったのでしょう？
問5　もし，その問題がすっかり解決したら，あなたは何をしているでしょう？　していることを具体的に，思いつくだけいくつでも書いてください。【サポーズ・クエスチョン，ウェル・フォームド・ゴール作り】

⑥　書き終わったらファシリテータは以下のように指示し，クライエント役を3〜5人くらいのグループに分け，話し合いをしてもらう。
　「どうだったでしょうか？　あなたの問題を見事に解決する方法までは思いつかなくとも，何らかの発見がありましたか？　もちろんそう簡単に解決が思い浮かぶことはないでしょうが，大小のヒントが浮かぶことは案外ある，ということが体験できたのではないでしょうか。気づいたこと，わかったこと，感じたことなど，些細なことでもいいので，あなたに少しでもヒントになったことを，グループで話し合ってください。」

〈グループで話し合って欲しいこと〉
・どんな悩みだったか？（どうしても言いたくない人は言わなくてもよい）
・いろいろ質問されて，どう感じたか？

・問5の質問まで答え終わって，最初の時と問題に対する感じ方がどう変わったか？
・ちょっとしたヒントなど，クライエントとして気づいたこと。
・「セラピストが問題を聞かなくとも，クライエントは解決を作ることができる」可能性を感じたか？
⑦ 最後に，各グループで話し合われたことを発表してもらい，全体で感想をシェアする。ポイントは「セラピストが問題を知らなくとも，クライエントは解決を作ることができる（かも）」ということについての感想。

解説と注意

さまざまな感想があったと思います。楽しかった，楽しくなかった，ヒントがつかめた，解決が見えずがっかりした，悩んでも意味ないと気がついた，などなど。

ちなみに，問1〜問5の質問は，決して理想的な質問でも模範的な質問でもありません。でも，このワークでは，セラピスト役の人はクライエントの悩みの内容について，一切何も聴いていないということを改めて思い出してください。

問題は聞かなくとも，このような質問に答えているうちにクライエントが自分自身で解決のヒントをつかむことがありえます。ここでのセラピストの役割は，問題の細部をくまなく知ることではなく，質問によってクライエントの思考，創造性を刺激し勇気づけることだと言えるでしょう。もちろん，このワークの質問はひとりひとりのクライエントの問題や個性に合わせた質問構成にはなっていないので，それほど効果が得られないという場合もあり得ます。しかし，このワークを体験した後には，「セラピストが問題を知らなくとも，クライエントは解決を作ることができる」——事実そういうことがあり得る，ということを実感していただけると思います。

〈『解決』とはどういうことか？〉

話は少し戻りますが，図1，図2のクライエントはどこかへ行き

第1章　どこへ行きたいのですか？（問題解決と解決構築）

たかったはずです。でも，問題という障害物に気を取られてそれすらわからなくなっていました。セラピストの仕事は障害物の処理よりも前にまずどこへ行きたいのか，何をしたいのかを尋ねることです。

　図3，図4を見てください。クライエントはようやく，どこに行きたかったのか（ゴール）を思い出しました。目的地に着いた時の状況（イメージ）も浮かんできました。クライエントが望んでいるゴールに到達すること，それが解決です。それが見えると，迂回路を探すこともできるかもしれません。どうしてもこの道しかないにしても，脇をすり抜けることができれば，必死にすべての障害物を片付ける必要はないはずです。

　しかし，まずどこに行きたいのかはクライエントしか知らないので，本人に尋ねるしかありません。本人がわからないからこそ相談に来たのだ，だからセラピストが教えてあげるべきだ，という反論がありそうです。たしかにクライエントは解決が見えていない状態でやって来ますが，セラピストがそれを代わりに見つけてあげることはできません。できるのは，本人がそれを見つけられるような質問をしながら一緒に探すことです。

　ワーク1-1でのセラピストの役割は質問することだけで，解決を見出したのはクライエントであるあなた自身でした。最後の質問

どこへ行きたいの？　あの山に登りたいんだ！　　登ったらどうなる？　きれいなお花畑があるんだ
図3　　　　　　　　　　　　　　　　　　　　　図4

……「もしその問題が解決したらあなたは何をしているでしょう？」によって見えて来たものが、あなたの解決のゴールでした。それは本人にしかわからないことです。どのような援助場面でも解決を見出すのは本人しかできません。

〈2つの考え方；問題志向と解決志向（解決構築）〉

何か問題を解決しようとする時、私たちは実際には、どう考え、行動しているか整理してみると、2つの方法があるように思います。

1. 【問題志向】「どうしてこうなったんだ？」という問いを立てる
    → 原因解明の努力をする。

    その結果：
    ① 原因が判明し対応可能（テレビの故障で部品を取り替える）
    ② 原因は判明したが、対応できない（故障テレビの部品がない）
    ③ 原因が多数あり、対応が難しい（非行、不登校……）
    ④ 原因が不明で対応できない（難病……）

2. 【解決志向・解決構築】「解決したら、どうなっている？」という問いを立てる
    → 解決イメージ（解決状態・目標）を探る。
    → 解決を実現するための手立て（リソース）を探す。

このどちらが適切かは、問題によって異なってくるでしょう。ただ、実は、この2つの方法を使っているということ自体が、あまり意識されていません。特に、「解決志向」のやり方は、ほとんど自覚されていないと思われます。

次のワークは、この2つの方法があること、多くの人が「問題（原因）志向」に囚われていることに気づいてもらうためのものです。

第1章 どこへ行きたいのですか？（問題解決と解決構築）

〈ワーク〉 **1-2 過去・現在・未来のワーク（入門，初心）**

【一人ワーク】

「ダイエットしたいがなかなかうまくいかない」という相談を受けたとして，その人にどんな質問をしますか？ 思いつく限りの質問を書いてみてください。

それから，表2を参考にそれらの質問を過去・現在・未来の3つに分類します。

その後，表1を参考に御自分のタイプを考えてみましょう。どれが多かったですか？

【グループワーク】

① おおむねの所要時間：参加人数によって異なるが30分〜60分。
② ファシリテータ1人（記録者が別に1人いてもよい），参加者は数人以上。
③ ファシリテータが，以下のように説明する。

「ダイエットしたいがなかなかうまくいかない」との相談を受けました。その時，あなたなら，相談してきた人にどんなことを質問しますか？ 質問を考えてください。

（相談は「クラスでいじめが発生した同僚からの相談」，「ダメとわかっているけど，頭に来て子どもに手をあげてしまうという母親からの相談」など，各自の領域でよくある問題を適宜考えてください。）

④ ファシリテータは，参加者に思いつく「質問」をどんどん出してもらい，それを板書（黒板，ホワイトボード）またはパソコンで入力しプロジェクタで表示するなどする。参加者は，順番に，考えた

「質問」を発表する。思いつかない人は「パス」し，「質問」がなくなるまで順番に発表してもらう。
⑤ 「質問」が出つくした後，ファシリテータは，出てきた「質問」を，「1) 過去」のことを質問しているか，「2) 現在」のことを質問しているか，「3) 未来」のことを質問しているかの時間軸で3分類する。分類はだいたいでよく，ひとつの質問が2つの分類の両方に入ってもかまわない。後に示したワークの例（表2）を参照。
⑥ ファシリテータは，参加者と分類の結果をながめ，以下の解説をもとに説明し，参加者と意見交換する。

解説と注意

問題の解決を援助しようとしている人が，時間軸上のどこに目をつけているか分類しました。時間軸の分類は3つですが，質問のタイプは2つです（表1）。

「問題（原因）追究型」

ごく普通の方法で，ほとんどの人は多くの場合にこの方法で問題に対処している。原因がはっきり特定できて，それへの対処方法があれば，問題を解決するために効果的だが，つねに原因が特定できたり対処方法があったりするとは限りません。

「解決（目標）構築型」

あまり自覚されていませんが，しばしば使われています。例えば，ダイエットならば「夏までに水着を着られるように5kgやせる」と目標を持って，そのためにはどうする？ と考えることはよ

表1

時間軸	過　去	現　在	未　来
目　的	原因を探る	現状をとらえる	目標を考える
考え方	原因追究で問題解決	どこかに原因を探す？	目標を達成すれば解決
タイプ	問題（原因）追究型	問題（原因）追究型が多い	解決（目標）構築型

表2　ダイエットがうまく行かないという大学生の例

a. 過　去（原因）	b. 現　在（現状）	c. 未　来（目標・目的）
・なんで太ったの？ ・好きな人はいますか？ ・好き嫌いは？ ・病気でないかお医者さんに相談した？ ・ちゃんと寝てるの？ ・一番効果的だった方法は？ ・夜食は食べてない？ ・生活リズムは？ ・制限している食べ物は？ ・今までにダイエットしたことある？ ・どんな方法でやってるの？ ・なんで，ダイエット？ ・どのへんが上手くいってないの？	・好きな人はいますか？ ・ちゃんと寝てるの？ ・本当に痩せる必要がある？ ・何を参考にしてるの？ ・辛くない？ ・本当に痩せる気あるの？ ・ちょっとだけ痩せたんじゃない？ ・どのくらい本気？ ・自分の体形についてわかってる？ ・体重は？ ・ダイエットの魅力は？ ・摂取カロリーは？ ・どのくらい走ってるんですか？	・ほんとに痩せる必要がありますか？ ・食事制限と運動のどっちで痩せたいの？ ・理想の自分はどんなスタイル？ ・目標は何キロ？ ・いつまでに達成したい？

くあります。

　「問題（原因）追究型」がダメな方法ということでは決してありませんが，今，自分が取り組んでいる問題について，どちらのタイプのやり方で対応しようとしているのか自覚することで，対応の幅が大きく広がることは間違いないし，「解決（目標）構築型」の方法を身につけることでうまく対応，解決できることが増えるでしょう。

　表2の例は，参加者がSFAを全く知らない人たちでした。原因追究型の質問が多く出ていますが，これが一般的傾向と思われます。まずそれを自覚することから始め，問題（原因）追究から解決構築へと頭の切り替えができるようになり，両方を使えるとよいでしょう。

〈第1章のまとめ〉
・問題の原因は解決と（必ずしも）関係がない。
・解決は問題に関係なく，新しく作る（構築する）。
・解決とはクライエントの望む未来（目標・ゴール）に近づくこと。
・クライエントにそれを尋ねることから，解決に向かい始める。

第2章

何が伝わっているのでしょう？

(コミュニケーション・関係づくり)

〈コミュニケーション〉

　前の章まで読まれて「SFA では問題を聞かないで質問ばかりするんだ」とか,「問題を聞いてはいけない」とか,「過去について質問してはいけない」「未来の事だけを聞くんだ」と思った方がいらしたとすれば, それは大変な誤解です。ワーク 1-1 は「問題と解決は必ずしも関係ない」ということを体験していただくために特別に仕組まれた状況であって, 決して SFA 面接の典型ではありません。そう思わせてしまったとすれば書き方の失敗, 私たち側のコミュニケーションの失敗ということになります。

　しかし SFA に関してこの種の誤解が多いのは事実で, 私たちも初心者の頃にはいろいろ思い違いをしていました。SFA 面接は確かに従来の面接とは異なった視点を持っていますが, クライエントが話したいことについてはじっくりと傾聴します。傾聴については第 3 章で詳しく述べますが, この章ではそのもう一つ手前の, クライエントとセラピストの間の関係について考えてみたいと思います。面接の基本というものは流派によってそんなに異なるものではありません。まずはクライエントとの間にコミュニケーションが成立し, 信頼的な関係ができていることが必要です。

　人と人が出会う時, そこには必ずコミュニケーションが発生します。たとえ行きずりの関係であっても「私はあなたと関係を持つ意思はありません」とか「危害を加えるつもりはありません」とかいう暗黙の了解が成り立っています。これも一種のコミュニケーションです。

　面接でコミュニケーションが円滑に行われるためにはそれ以上の暗黙の了解が必要です。「あなたに相談したいのですが助けてもら

えますか？」とか，「できるだけお役に立ちたいと思っているのでどうぞお話しください」というような関係ができなければなりませんが，それはどうやって形成されるのでしょうか？

まずコミュニケーションのチャンネルについてちょっと考えてみましょう。コミュニケーションの手段は言語的，非言語的に分けられ，方向性は受信と発信があります。それらがそれぞれ双方向に働くことを考えると8本のチャンネルがあることになります。

我々はつい言語的コミュニケーションにばかり目が行きがちですが，実は非言語的なコミュニケーションの方がずっと重要であるという研究がいくつもあります[4]。大体人は第一印象で相手を評価しています。このセラピストは信頼して大丈夫かどうかクライエントは瞬時に判断するでしょう。非言語的コミュニケーションの多くは無意識的に発信されていることが多いので，特にセラピストは自分がどんな印象を与えているかに心を配らなければなりません。同時に，クライエントが言葉以前に発信しているものを読み取ることも重要です。ここで行うのはそれらのことに気づいてもらうための基礎的なワークですがもう一つ重要なポイントとして，NLP（神経言語プログラミング）で開発された「ペース合わせとリード」の要素も少し入っています。

上手なセラピストは姿勢や表情，テンポなどを始めはクライエントに合わせることで，よい関係を作っていきます。これがペース合わせです。それから徐々に意図する方向に自分のテンポを変えてリードします。例えば慌てふためいているクライエントなら，初めは相手の早いテンポに合わせ，徐々にゆっくりした対応で落ち着くようにリードして行きます[5]。つまりこれらはセラピストが行う意図

---

[4] 例えばアーガイル（M. Argyle et al. "The communication of inferior and superior attitudes by verbal and nonverbal signals" British Journal of Social and Clinical Psychology Vol.19, 1970, pp.222～231），マレービアン（「非言語コミュニケーション」A. マレービアン著　西田司ほか訳　1986　聖文社）など。
[5] 「NLPのすすめ」ジョセフ・オコナー，ジョン・セイモア著，橋本敦史訳 1994　チーム医療，「ブリーフセラピーの極意」森俊夫　2015　ほんの森出版に分かりやすい説明があります。

第 2 章 何が伝わっているのでしょう？（コミュニケーション・関係づくり）

表3 面接におけるコミュニケーションの4領域
（クライエント側）

	Verbal（言語的）	Nonverbal（非言語的）
発信	悩みや辛さを訴え，相談する	表情，動作，姿勢，声のトーン，テンポなどでも表現している
受信	セラピストの言葉を聞いている	セラピストが非言語的に発しているものを感じる

（セラピスト側）

	Verbal（言語的）	Nonverbal（非言語的）
受信	クライエントのことばを聴いて理解する	クライエントが表情などで表現しているものを読み取る
発信	セラピストが言葉を発して伝える	表情，動作，姿勢などで発信している

的な非言語的コミュニケーションなのです。

　私たちの行ってきた「ソリューション実践講座」の初回に必ず行うワークをご紹介しましょう。SFA以前に，すべての相談面接の基本となる練習です。

〈ワーク〉 2-1　サイレント・インタヴュー（入門，初心）

（私の話を聴いてください，でも声は出ません）
【グループワーク】
① 所要時間 45 ～ 50 分。（役割交代2回を含む）
② 3人組を作り，ジャンケンでクライエント，セラピスト，観察者の役割を決める。順次交代し，全員がすべての役割を体験する。
③ クライエントは自分の話したい話題を選び，あたかも普通に話しているように，しかし声を出さずに話す。テレビのボリュームをゼロにしている状態と同じ（いわゆる口パク）。自然なジェスチュアや表情は当然伴っているが，声の代わりに身振り手振りで伝えようとするのではない。囁き声が漏れている場合は観察者が

注意して聞こえないようにする（2～3分）。

　セラピストは，相手の姿勢，表情等に自分のそれを合わせながら，あたかもわかっているかのように対応，相槌や質問も同じくボリュームゼロでする。

　観察者はクライエントとセラピストそれぞれが表現しているもの，両者のペースが合っているかどうかなどを観察する。

④　シェアリング（話し合い）：まずセラピストが自分の推測したクライエントの話の内容，どこからそう思ったかなどについて，次に観察者も自分の感じたクライエントの様子，推測した内容について話す。それに対してクライエントから実際はどんな話だったかを語る。

　次にクライエントからセラピストについての印象，話しやすかったか，聞いてもらえている感じがあったかどうか，観察者から両者のペースが合っていたかどうかについて話す。その後はお互いに感じたことを話し合う（5～10分）。

⑤　役割交代×2　役割を交代して同じことを2回繰り返す。
⑥　全体シェアリング：伝わったこと，伝わらなかったこと，気づいたことなど出し合う。

解説と注意

いかがでしたか？　シェアリングの部分はいわば「種明かし」のような感じとなるので，笑いが出ることが多いと思います。昔私が参加した研修でこのワークをやらされた時はクライエントの表現が

さっぱり理解できなくて四苦八苦した覚えがあります。しかしその後私たちが実施した講座では、ほとんどの人がクライエントの感情はもちろん、時には話の内容まで読み取っているのに驚きました。言葉がなくても伝わるものは意外に多いのです。読み取る能力の個人差ももちろんあり、私はそれが低かったのかもしれません。その他全体シェアリングで「自分は楽しい話をしたのに悲しい話と受け取られ、自分がいつも悲しそうな表情をしていることがわかった」「今までの面接ではクライエントの表情を真剣に見ていなかったことに気づいた」「セラピストがペースを合わせているとクライエントは良く聴いてもらえたという感じを持つことがわかった」など、さまざまな発見、感想がありました。

　SFA面接では独特の面白い質問が有名で、言語の役割が大きいのですが、その基礎に、このような非言語的コミュニケーションがあることも、初心のうちにしっかり体験しておいてほしいと思います。

【一人ワーク？】
　残念ながら一人でコミュニケーションの練習はできませんね。でも鏡に向かって、ボリュームゼロで話してみると、自分の表情とか、表現の仕方、癖などを発見できるかもしれません。

〈関係づくり〉
　さて次は「関係づくり」です。どんな技法、理論によって立つにしても、関係づくりは面接のというか対人援助の基本ですね。初心者が陥りやすい失敗の一つとして、関係ができていないのにSFA的な質問をどんどんしてしまうことがあります。そうすると「変な質問ばかりされた」とクライエントを傷つけたり怒らせたりすることになるでしょう。

　それを防ぐ方法の一つとして前のワークのように非言語的なものを感じ取り、調整することがあります。もう一つは言語を使って対話の中で関係を作ることです。次の章で述べる「SFA的傾聴」にも通じる話ですが、まずは相手が話したいことを十分話せるような

気配りと技術が必要になります。そのためにはやはり練習が必要です。では次のワークをやってみましょう。

〈ワーク〉 2-2 「TST」（入門，初心）

相手の話を聞く（相手を理解しようとする），相手に楽しく話してもらう「会話」の仕方のワークです。とても単純なワークですが，奥が深いです。トピック・セレクト・トーク，略して TST と勝手に名付けました。

【グループワーク】
① 所要時間：30分～40分。
② ファシリテータ（タイム・キーパーも兼ねる）1人。ワークは，2人一組か3人一組のグループで行う。2人の時は，「話し手」「聞き手」，3人の時はもう一人が「観察者」となる。どちらの場合も交代して全ての役を体験する。
③ グループ分けの後，ファシリテータが次のように指示，説明する。
　まず，全員に，最近あったちょっといいこと，うれしかったことを思い出してもらいます。それが「話し手」になった時に話してもらうことです。
　<u>「聞き手」はあくまで聞き手に徹し，「話し手」が質問しない限り，自分の話はしないでください。</u>話し手が質問した場合も，手短に答えるに止めてください。「観察者」は，2人の話がどのように流れて行くかよく観察していて下さい。例えば，「聞き手」の○○の質問をきっかけに話が盛り上がったとかちょっと話しの方向が変化したとか……。
④ 最初の役割「聞き手」「話し手」（「観察者」）を決める。
⑤ ファシリテータが以下の説明をして，ワークをはじめる（おおむね3分から5分）

第2章　何が伝わっているのでしょう？（コミュニケーション・関係づくり）

　ア　「話し手」：思い出したことを話す。

　イ　「聞き手」：話し手の話を聞きながら、<u>話し手の話したこと（話題）のひとつを取り上げて、それについて質問する。話し手がその</u>

質問に答え終わったら、再び、それまでに話し手が話したこと（話題）からひとつを取り上げて、それについて質問する。それを繰り返す。

　<u>「聞き手」はできるだけ「話し手」が、話したいと思っていることを聞くことを心がけて「質問」し、会話が楽しく盛り上がるようにしてください。</u>

⑥　「話し手」と「聞き手」を交代して同じように話す（3人の場合は、3人が順に「話し手」「聞き手」「観察者」をする）。

⑦　参加者全員が全ての役を体験し終わったら、ファシリテータが次のように話し、グループ内で話し合ってもらう。

　どうでしかたか？　会話は弾みましたか？　あまり弾まなかったですか？　どんな方向へ進みましたか？　同じ組の人で感想を話し合ってください。

　考え、話し合ってもらいたいことは、

　ア　「聞き手」は、「話し手」の話を聞くことができたか、うまく「話題」を拾うことができたか。

　イ　「話し手」にとって、「聞き手」のどの質問が話しやすかったか、話しにくかったか、うれしかったか、あまりうれしくなかったかなど、「聞き手」の質問について。

　ウ　「観察者」は、2人のやりとりを見聞きして感じたことを話す。

　エ　「話し手の話した話題を拾って質問する」というルールが会話にどういう影響を与えたか。

⑧ 全体でのシェア：各グループで話したことを発表してもらう。

【一人ワーク】

この場ではムリですが，日常生活の中で誰かに対して試して見ることはできます。「最近いいことあった？」と質問してもよいし，相手が話しだした話題について行く形でもかまいません。まずは聞き手に徹して，上の説明⑤の要領で質問を続けてみてください。何か反応があるかもしれませんよ。次の解説の中にもそんな例が出てきます。

解説と注意

人と人の会話がどのように進んでいくかということを改めて考えてみると，ほとんどの場合「（誰かが）話題や質問を出し，（誰かが）それに応える」ことのくり返しになっています。日常の会話では，「聞き手」と「話し手」が，常に交代しながら進行します。これに対し「援助面接（相談，カウンセリング等）」では「聞き手」と「話し手」の役割が固定され，「聞き手」が会話の流れをコントロールすることになります。このワークは，その練習でもあります。

対人援助場面での会話では，「自分の話したいことを話せた（聞いてもらえた。理解してもらえた）」と感じてもらうことが極めて重要で，そのことがまず援助の基盤になる「信頼関係」を築くことになります。時にはそれだけで，充分な援助になることもあります。

ある学生が彼女との会話でTSTを試してみました。彼女が話した話題を拾って質問しただけで，「今日はどうしたの？　いつもと違ってちゃんと話を聞いてくれるわね」と言われたそうです。別の学生は友人との会話で，友人がスポーツの話をしたのでその話題を拾って質問していくと，友人はとても楽しそうに話を続けた，しかし聞き手になったその学生はそのスポーツに全く関心がなかったので，ひどくつまらなくて話を続けるのが辛かったとのことでした。日常的な会話では「聞き手」に徹していないので辛くなって当然です。でも援助的な面接ではそこは割り切って進めましょう。質問し

た時,話し手が生き生きと話しだすと,その質問はヒットした(SFAの言葉では相手にフィットした)とわかります。そういう時,彼女を話し手にTSTをしてみた学生の場合のように,何を「質問」しようかと考えていたのに,話し手の彼女は,聴いてもらえた,理解してもらえたと感じている可能性が高いです。もっとも,話題の選び方によっては,話し手が怒ったり,泣いたりすることもあります。意図的にそんなことをする人はいないでしょうが,そんなことがもし起こった場合には,自分の質問の仕方を振り返ってみましょう。

〈TSTを試したがうまく行かなかったある会話〉

　A君(小3)の好きなことを聞きました。
1)　聞き手(先生):スーパーマリオ,買ってもらったんだって?
2)　話し手(A君):母さんがパチンコで5万円勝ったんだ。それで買ってくれた。
3)　聞き手:何面クリアしたの?
4)　話し手:まだ全部クリアしてないよ。
5)　聞き手:何時間もやるとお腹がすいてくるけど昼とかどうしてるの。
6)　話し手:兄ちゃんがコンビニでデカ盛りヤキソバを買ってくる。けど,兄ちゃんは2個も食べるんだよ。食いしん坊なんだ。……

「聞き手」だった人は「A君は話しはしてくれましたが,どのように話を聞き,A君の発言の中から話をふくらまして つなげたらいいのか,難しさを感じました」と感想を述べ,うまく会話できなかったと感じています。どうしてそうなったのか,どうすればうまく行ったのか3点ほどに絞って説明します。

1. TSTの基本は,話し手の話しの流れに乗って聞くことです。そのためには相手の話した話題(コトバ)を拾ってそれについて聞きます。例えば2)では,「お母さん」「パチンコ」「5万円勝っ

た」「買ってもらった」の中から選択すればよいのです。「お母さんパチンコ好きなの？」「お母さん買ってくれたんだ」「他にも何か買ってもらったの？」などです。6）では「兄ちゃん」「コンビニ」「デカ盛りヤキソバ」「2個も食べる」「食いしん坊」などいっぱい話題がでてきていますので，それらから選んで聞くとよいでしょう。

　直前に話した話題から拾うだけではなく，時にはそれまでに話し手が話した内容から話題を拾って聞いてもかまいません。いずれにせよ聞き手は，質問をするため話の内容に耳を傾けなければなりません。そうすることでさらに話し手の興味，関心をひく質問ができる可能性が高くなります。それによって話し手は話を聞いてくれていると確認でき，気持ちよく質問に答えてくれ，話が進みます。

　次に何を聞こうかとばかり考えていると話の流れを見失うこともあります。そうならないためには練習と慣れが必要ですが，質問を考えるのではなく，あくまで相手の話についてゆくことを心がけるのが良いでしょう。

2. 3），5）では，聞き手が「何面クリア」「お腹がすいてくる」「お昼とかどうしている」という，話し手が話していない新たな話題を持ち出しています。新たな話題を聞いてはいけないということではないのですが，それまで出ていない新たな話題を持ち出すと，聞き手が聞き出したいことを聞くという流れになってしまいがちで，話し手が話したいことが話せなくなってしまうことが多いです。

3. TSTは，やり方によっては，例えば，A君の家庭状況をあまり無理のない流れで聞き出すことも可能かもしれません。「お母さんパチンコ好きなの？」という質問は，「ウン，毎日行ってるよ」「毎日行ってるって，どうしてわかるの？」「家に帰ってお母さんいなくて，おやつもないとパチンコ屋かなと思って行くと，たいていいて小遣いもらえる」とか，「コンビニって近くにあるの？」「ウン」「A君もお兄ちゃんと一緒にコンビニ行くの？」「いや，

第2章 何が伝わっているのでしょう？（コミュニケーション・関係づくり）

お兄ちゃんと行くと欲しいもの買ってくれないから，ひとりで行く」「えー，ひとりで行けるんだ。欲しいものって何？」「ポテトチップスとか唐揚げとか……」とか，家族構成について聞こうと「お兄ちゃんいるんだ。他にもきょうだいいるの？」「お姉ちゃんとお兄ちゃんと俺の3人」「お父さんは？」（この質問は「新たな話題」とも言えるが，家族の話しの流れで聞いている）など。しかし，このようなTSTの使い方は，「2.」で書いたように「聞き出し」になってしまいがちです。TSTは，話し手に「話せた」と感じてもらい，信頼関係を作るための雑談，無駄話的な会話の仕方と考えた方がいいと思います。何かを聞き出そうとするものではないのです。うまく雑談を続けられることは非常に重要です。雑談は無駄話ではありません。相手との関係を作る方法として極めて有効です。ただし，興に乗り過ぎて聞き手としての立場を忘れないように。ワークの説明③の注意事項（下線部分）はそのためです。

　関係づくりの重要性については，この本の中でこれ以降も折に触れて述べて行くつもりです。

〈第2章のまとめ〉────────────────
・面接の基本として信頼関係が重要，それがなければ始まらない。
・そのためにはまず非言語的コミュニケーションを意識すること。
・次に相手が話したいことを充分話せるような対話のしかたを考える。
・そのためには，相手の話題，コトバ[6]を注意深く拾って質問してゆくとよい。

───────────────────────────
6　インスーとピーターのテキスト（前出「解決のための面接技法」第3版 p.37, 第4版 p.23）では「キーワード」という言葉で説明しています。何がキーワードかを見極めるには，相手が話したいポイントかどうかが大切になりますが，ここではあまり難しく考えず，ただ相手の話題についてゆくくらいの説明に留めました。

〈コラム　理論編〉

雑談についての雑談

　最近のテレビで、売上成績の上がらない店員が雑談力を磨くために落語家に弟子入りするドキュメンタリーがあった。雑談とは「本題に関係のない話題での対話」と一応定義しておく。落語では「まくら」という出だしの部分がいわば雑談で、そこで客を掴むことが重要になる。そのコツは観客の反応を素早く察知してそれに合わせてゆくことだと教えられていた。その店員さんは雑談ができるようになって売り上げも上がったそうである。

　対人援助場面でも、対象者との関係づくりや情報収集に雑談を活用している人も多いと思われる。私自身が対人援助における雑談の効用を知ったのは、ある療育機関の中で福祉領域の某教授が行っていた母親グループであった。「母親教室」でもなければ、「育児相談」でもない、ただ集まって雑談をするだけのグループである。最初ただ時間を潰しているように見えた場がいつの間にか、泣き、笑い、本音を吐露する場に変貌し、集団の絆と凝集性が生まれてゆく。1年たつと母親たちは、最初は認められなかった我が子の障害[7]を受容し、見違えるように明るく逞しく変容して行った。特別の理論や技法によらず、司会者（ファシリテーター）も時には自分の日常経験を語りつつ「雑談」し、時には「どう思う？」と質問を投げかける、それだけの絶妙なグループワークであった。

　実はそのプロセスを書いて専門誌に投稿したところ「ただ集まって雑談することが治療になるのか？」と没にされた。40年以上昔のことである。「心理領域は雑談の効用を認めないのか」とがっかりしたが、今にして思えば単なる現象の記述のみで、援助側の計画も変容の理由も解明できていない、論文とは呼べないしろものだった。

　一般的に援助面接で「雑談」がどんなふうに利用されているかを考え

7　この本では「障害」「障碍」「障がい」の表記が混在していますが、あえて統一していません。

〈コラム 理論編〉雑談についての雑談

てみる。まず個別相談で悩みを訴えてくるクライエントならば雑談の余裕はあまりないかもしれない。なかなか話をしたがらないクライエントには雑談から入って気持ちをほぐし、関係をつくろうとする人もいるだろう。グループの場合はどうか？ 構成のきっちりしたグループでは雑談の余地はなくなるし、非構成的グループではいきなり深い話にはならず、雑談から徐々に深まってゆくのが普通かもしれない。相談以外の日常的な接触場面では「どう？ 元気？」といった声かけから関係が成立していくから、これも雑談の短縮形と言えるだろう。

さてソリューションではどうか？ インスーたちのテキスト[8]では面接の初めにちょっとした雑談（相手の日常生活の過ごし方を聞く）が有効であると書いてある。スティーヴの面接ヴィデオ[9]でも、最初に「どんな仕事をしていますか？」「その仕事が好きですか？」と聞き解説でそれらがクライエントを良く知るために重要な質問であると述べている。しかし、その目的は関係づくりというよりは解決に役立つ情報を発見するためだという。インスーの面接ヴィデオでは、どの面接も最短距離で解決のゴールを目指しているのに決してクライエントを追いつめたり、追い立てたりする印象を与えない。笑顔や穏やかな態度、さりげないコンプリメントと共にクライエントの日常生活に目配りした質問がゆとりを与えているような気がする。

クライエントがいつまでも本題に入らず雑談を続けるときはどうするか？ 私は注意深く聞いた上で何かを避けているように感じたらそこには乗って行かず「そのお話面白いんですけど、今日お話しになりたかったのはそのことですか？」と聞くことにしている。

自分の意思でなく来談したクライエント（昔はビジタータイプと呼ばれた）の場合は、楽しく雑談し、次回も来ることを約束して帰ってもらえば面接はほぼ成功だろう。雑談はリソース発見の宝庫なので、いくつかのコンプリメントをしっかり入れておく。

---

[8] 前出「解決のための面接技法」第3版 p.65, 同第4版では雑談という言葉は使っていないが、p.53に同じ内容の記述がある。
[9] 「何かをしたいと思いたい」スティーヴ・ディ・シェイザーの面接VTR カウンセリング Soft

グループでは，導入として「最近あったちょっと良いこと」について順に話すという方法をインスーのワークショップ[10]で教えられた。我々の月例勉強会でもこれを踏襲しているが，毎回新しい人が加わるので，自己紹介に続けてこれを話すことにしている。アイスブレーキングにもなるしリソース発見の習慣づけとも言える。

もちろん，ただ雑談をすれば良いという訳ではないので，役に立つ雑談の条件を考えてみた。

1）クライエントの利益中心：援助面接の中で行われる以上雑談も常にクライエントが主役であり，セラピストが自分の興味に従って話す訳ではない。自ら話してくれるクライエントならばTSTの要領で相手の話したトピックについてゆく。セラピストが自分の話や新たな話題を持ち出すのは，それがその後の展開にプラスになるという計算の成り立つ場合に限られる。

2）リソース眼鏡：雑談が雑談で終わってしまうとよい感じは残るかもしれないがそれだけである。雑談の中でリソースを発見し，しっかりコンプリメントすればリソースは拡大され，クライエントはエンパワーされ解決に一歩近づく。そのためにセラピストはリソースがよく見える「リソース眼鏡」を常にかけていなければならない。「この人には必ずリソースがある」と信じて話を聴き，平素からリソースに気づく訓練を積んでおくことである。日常生活の過ごし方を聞くついでに「好きなことは何ですか？」「趣味はありますか？」「ホッとするのはどんな時？」などと質問すれば，もう立派なリソース探しの質問になる。

3）解決構築の耳：ピーターとインスーは「解決構築の耳」[11]がセラピストには必要だと言う。それは自分の枠組みから相手の話を評価する習慣を捨て，クライエントの枠組みから話を聞くことであり，そのためにまず聞くべきことは「クライエントにとって重要な人物と出来事」だと言う。特別な質問をしなくても雑談の中からこれらが聞き取れることも

---

10 福岡ソリューションワークス主催 インスー・キム・バーグ WS（1996-2004）のうちのいずれか
11 前出「解決のための面接技法」第3版 p.32，第4版 p.18

〈コラム　理論編〉雑談についての雑談

多い。そもそも雑談と評価は両立しにくいから，雑談中は解決構築の耳を持ちやすいはずだ。

　以上３つの条件を満たした結果得られる雑談の効用は，①楽しく話してもらうことによる関係づくり，②対話に与えるゆとり（追い詰めない），③リソースを発見しコンプリメントの機会を作る，④重要な人物についての情報収集（後で関係性の質問の材料になる）などであろうか？うまく行けば⑤クライエントの望みや願望が見えて解決のゴールにつながってゆくこともあり得る。

　結局ソリューションの面接はすべてがクライエント自身の解決の方向に向かっているので，一見「本題と関係のない話題」であっても，やがては解決につなげることが可能であり純粋な「雑談」は存在しないのかもしれない。あるのは「雑談のように見える解決構築への布石」なのではないか？

　「親の意見となすびの花は，千に一つのムダもない」という都々逸がある。茄子の花はすべて実になるとしても昨今，親が子どもに意見しても効果は薄いだろう。上半分を「ソリューションの質問は」と置き換えるとピッタリくる。

　お粗末様でした。　　　　　　　　　　　　　　　　　　　　（相場幸子）

第3章

傾聴はしないの？（ソリューション的傾聴〜知らない姿勢）

〈知らない姿勢〉

　カウンセリングと言えば「傾聴」つまり相談にきた人の悩みや問題についての話をよく聴くことが大切である，多くの方はそういう認識を持っていると思います。「受容」とか「共感」を大切にしている方も多いでしょう。もちろんSFAでも傾聴はとても大切にします。ただし，その内容はSFA以外の立場の人たちがいう「傾聴」とは，少し異なるかもしれません。

　普通，クライエントは問題を誰かに聞いてもらいたくて相談に来るので，まず問題について話すでしょう。SFAの面接でもセラピストはしっかりとクライエントの訴えに耳を傾けます。しかし，「問題」についてクライエントが話している間はしっかりと聴きますが，それ以上に「問題」について，より深く知ろうとはしません。原因についても深く追求しません。（ワーク1-1の質問も，問題や原因についての質問は一切ありませんでしたね？）また，クライエントの感情だけに注目して「共感」しなければ，という姿勢もとりません。その代わりクライエントの望んでいること，大切にしていること（人や物）に注目します。話の聴き方として何より重要なのが次に述べる「知らない姿勢」[12]です。

　専門家が陥りやすい誤りは，一般論として知っている知識でクライエントの問題を解釈したり，知っている別のケースと同じと決め

---

[12] この言葉はAnderson, H.とGoolishian, H（コラボレティヴ・セラピーの創始者）から始まりましたが，早くからSFAの中に取り入れられました。前出「解決のための面接技法」第3版 p.32 第4版 p.17。
「会話・言語・そして可能性—コラボレイティヴとは？　セラピーとは？」ハーレーン・アンダーソン著，野村直樹ほか訳　2001　金剛出版

つけたりすることです。でもその人の関心は一般論ではなく，今の，その人自身のユニークな問題なのです。他の事例と決して同じではありません。また，問題とその原因をセラピストが解明し，解決法を考えてクライエントに教えなければと思う必要もありません。そんなことは不可能だからです。その人の問題，そこに至ったいきさつ，なぜそれが悩みになるのか，これまでの経験等々すべてはその人自身しか知らないことばかりなので，こちらが教えてもらうしかないのです。そういう姿勢で話を聴いてゆくうちに，その人自身の中から解決への道筋が立ち現れてくるのであって，他人が考えた解決法などなんの役にも立ちません。

　クライエントが自分の問題について語るとき，その問題の専門家はクライエントです。セラピストは初めて聞く話ですから一歩下って「教えてもらう」というスタンスで聴くしかありません。このことをSFAでは「クライエントが専門家」と言います。その時のセラピストの立ち位置は「ワンダウン」（クライエントより1段下）です。話を聴く姿勢は「知らない姿勢」つまり，自分は何も知らないのでクライエントに教えてもらう姿勢です。「ワンダウン」という言葉は時々，テクニックとして「低姿勢で相手を立てればよい」と誤解されることもありますが，そうではありません。セラピストは本当に何も知らない，何もわかっていないのです。それをセラピストが自覚すること，それが「知らない姿勢」です。

　では，「知らない姿勢」で聴く練習をするためのワークを，次にやってみましょう。

〈ワーク〉 3-1 「大切なものの話」[13]（入門，初心～）

(TSTを使って)

　思い出の品物を描いてもらい，それについて聞き手が「知らない

13　このワークは，野村直樹著「ナラティヴ・時間・コミュニケーション」2010　遠見書房　に掲載されているワークとTSTを組み合わせたワークです。

姿勢」で話し手の話を聞く練習です。

【グループワーク】

① 所要時間：45分〜60分。
② ファシリテータ1人（タイムキーパーを兼ねる）。2人一組か3人一組で行う。2人の時は、「話し手」「聞き手」、3人の時はもう一人が「観察者」になる。どの場合も交代して全ての役を体験する。
③ 組分け後、ファシリテータが以下のように指示する。

「全員、適当な用紙に、自分にとって大切な思い出のあるものの絵を描いてください。小さな頃のものでも、最近のものでも構わないです。自分にとって、大切で、思い出のあるものの絵を描いてください。もちろん、絵の上手下手は全く関係ないです」

④ 大体描き終わった時点で、ファシリテータが以下のように説明する。

「『話し手』『聞き手』を決めて会話を始めてもらいます。おおむね5分から10分で交代です。

ア　話し手：書いた絵を見せながら、自分の思い出のものを説明します。描いてある絵に書き加えるなどしてもかまいません。

イ　聞き手：相手の話した話題を拾って質問しながら説明を聴き続けてください（TSTの方法）。

ウ　重要な注意点として、「聞き手」はあくまで「聞き手」に徹すること。「聞き手」が、「話し手」の描いたものを知っている場合でも、それは「話し手」の極めて個人的な思い出が詰まったもので（「話し手」はその思い出のものの専門家）、「聞き手」が知っているものとは異なることを深く自覚して聞くこと（知らない姿勢）。「観察者」は、2人の話がどのように流れて行くかよく観察していて下さい。例えば、「聞き手」の◯◯の質問

をきっかけに話しが盛り上がったとかちょっと話の方向が変化したとか……　では，始めてください」
⑤　ファシリテータは，5〜10分経過したら，「話し手と聞き手を交代して同じように話してください」と交代を指示する。時間は，全体の様子をみて短縮，延長等する。
⑥　全員が終わったら，ファシリテータは，以下のように指示してグループ内で交流してもらう。

「どうでしたか？　会話は弾みましたか？　あまり弾まなかったですか？　どんな方向へ進みましたか？　このワークは，必ずしもうまくいくとは限りませんが，「聞き手」が自然に「知らない姿勢」で「話し手」の「大切なもの（こと）」を聞けるように組み立てられています。「知らない姿勢」で「話し手」の話を聞いていくというのは，どういうことなのか各人の体験，感想を話し合ってください。

考え，話し合ってもらいたいことは，
ア　「話し手」は，「大切な思い出のもの」の話を存分にできたかどうか，「聞き手」のどの質問が話しやすかったか，話しにくかったか，話しにくかったなら，どういう質問をしてもらいたかったかなど，「聞き手」の質問について，
イ　「聞き手」は，「話し手」の「大切な思い出のもの」についていろいろな角度から理解することができたか，うまく「話題」を拾うことができたかなど，
ウ　「観察者」は，2人のやりとりを見聞きして感じたこと，などについて話し合ってください。」
⑦　ファシリテータがリードして全体交流をする。各グループに，グループで話された話題と感想を発表してもらう。

【一人ワーク】

一人でするときは，まず思い出の品物を描き，質問と答えを自分で交互に書いてゆくと，どんな質問だったら答えやすいかが見えて来るでしょう。自分の考える質問が多分一番いい質問になると思う

ので，答えやすい理由を分析してみると参考になるでしょう。

一人でシュミレーションした後，夫婦で，あるいは友だちをつかまえてやってみましょう。

解説と注意
――「知らない姿勢」できく（聴く，聞く）とはどういうことか？

ワークをしてみていかがでしたか？ 話し手が満足出来る聴き方ができたかどうか，意外と難しかったのではないでしょうか？ 実は，簡単なようで奥の深いワークです。

「話し手」の「大切な思い出のもの」は，例えば「熊のプーさん人形」や「ガンダムのプラモデル」など「聞き手」が知っているものであっても，「話し手」の描いたものは，ユニークな物語が詰まったもので，いわば，「聞き手」にとって「知っているけど知らないもの（こと）」です。

自分も同じ物を持っていたりするとつい自分の話もしたくなりそうですが，自分が持っていた物と話し手のそれとは，同じように見えてもそこにまつわる思い出は全く異なる，つまり全く別の「知らないもの」なのです。それを忘れないことです。対人援助場面で，クライエントが話すこともそういうこと（もの）です。このワークの狙いは「知っているけど知らないもの（こと）」を「知らない姿勢」で聞くということを体験してもらうことです。

その品物の大きさや形状について詳しく質問した人もいるでしょう。具体的イメージを把握するためにそれが必要な場合もあります。その品物と話し手との関係について聞いていった人もいるでしょう。大切なのは品物自体ではなく，話し手の「思い出」なのですから，そこも大切なポイントです。「その品物にどういう思い出があるのですか？」「どういう訳でその品物が大切なのですか？」という質問でうまくその辺を聞き出せた場合もあったかもしれません。

私たちがいろいろなグループでこのワークを試した時，話し手さんから「自分でもなぜこの品物を選んだのかわからなかった。いろいろ質問されているうちにだんだんわかって来た。」と言われたこ

ともありました。本当に面接は共同作業なんですね。この場合は聴き手の質問が，ピッタリだったのでしょう。逆に，その品物を使っていた頃のこと，その頃の周りの人，自分の気持ちなどがいろいろ出てきたが，別なことを質問されるので十分話せなかったという場合もありました。聞き手からは一様に「どんな質問をしたらよいのかわからなくて困った」という声が聞かれました。

このワークでは，前の章でのワーク，TSTのやり方で会話することとしています。TSTのやり方（相手の話したことについてのみ質問してゆく）自体，「知らない姿勢」で聞くことに向いているとも言えます。このような会話を練習してゆけば，いろいろな質問を思いつくことができるようになるでしょう。

〈ソリューション的傾聴〉

このようにSFAでの傾聴は，一般に言われている「傾聴」とはちょっと違います。ここで，「傾聴」とは何かについて理論的な考察をはじめると長くややこしいことになってしまうので，それは別の場所にゆずることにします[14]。ここでは，「傾聴」は何を目指しているのか考えてみます。「傾聴」することで得られるのは，クライエントがこのセラピストは私のことを理解してくれる（≒理解してくれようとしている）と感じて，お互いがスムースにミュニケーションできる関係ができることです。前章でも指摘したように，そのような関係をつくることは，SFAのみならず，あらゆる援助関係においても非常に重要なことです。SFAでは，クライエントに「私はあなたを理解しようとしていますよ」ということを伝え，感じて

---

14 C.ロジャーズの「カウンセラーの中核条件」についての次の論考を参照されたい。

・Rogers, C. R, The necessary and sufficient conditions of therapeutic personality change, Journal of Consulting Psychology, 21; 95-103, 1957（「治療的人格変化の必要十分条件」，伊東博・村山正治監訳『ロジャーズ選集―カウンセラーなら一度は読んでおきたい厳選33論文』，上巻，誠信書房，2001, pp.265-285）

・村山正治，飯長喜一郎，野島一彦 監修『ロジャーズの中核三条件』創元社，2015　他

もらうために,「知らない姿勢」を重視していますし,後の章にある「コンプリメント」も使います。「知らない姿勢」は,クライエントは自分自身の「専門家」であると考える姿勢とも共通していて,クライエントのことはクライエントに聞いてみないとわからないものだと深く自覚することです。その姿勢から「傾聴」する態度・姿勢が出てきますし,傾聴のみならず,クライエントを理解しようとすると同時に,理解しようとしていることを伝え,感じてもらうあらゆる言動を駆使することに発展します。

このワークは,そういう言動ができるようになるためのワークです。ここで示したワークのみが,そのような言動ができるようになるための方法ではなく,他の方法でも可能と思います。ただ,私たちの勉強会の経験では,ここで示すワークを体験し,実際の援助場面で使うことはかなり有効と感じています。もちろん最初からうまくいくことはありませんが,あまりうまくいかなくとも繰り返し試みることで,かなり効果的に,クライエントを理解しようとする態度や,理解しようとしていることを伝え,感じてもらう質問の仕方が身についてくるようです。

もう一つ,簡単なワークをご紹介します。話を聴いてもらう——相手の話を聴く練習として,どこでも使い易いワークです。実はこれは最初「コンプリメント」(第5章) のワークとして考えたものですが,「傾聴」の練習でもあります。単純で使いやすく,大勢の人がいる場合でも「ちょっとお隣と組んで話して見ましょう」と言って始められます。

〈ワーク〉 3-2 頑張っていることは何ですか?(入門,初心)

【グループワーク】
① 所要時間:10〜20分。
② ファシリテータ役1人,他の参加者は2人ずつの組を作っても

らう。余った場合は3人でもよいし，ファシリテータと組んでも良い。
③ ファシリテータは以下の④〜⑧の手順を説明し，要所要所で切り替えの声をかける。
④ ジャンケンで最初の話し手，聞き手の役割を決める。
⑤ 聞き手から話し手に「あなたの今一番頑張っていることは何ですか？」と聞く（「何も頑張っていません」と言われたら，「好きなこと，楽しいこと」などを聞く）。
⑥ 話し手が話し始めたら聞き手は傾聴し，「それはどんなものですか？」「どういう風にやるのですか？」「誰と？　いつ？　いつから？　どこで？　何を？」など，疑問詞をいっぱい使って（オープン・クエスチョン……第7章参照），質問してゆく。「どこが面白いですか？　やって良かったことは何ですか？」など聞いても良い。話し手が本当に頑張っていると思ったら，「すごいですね。どうしてそんなに頑張れるのですか？」と聞くのも良い。（これは実は最高のほめ言葉になる。「いいですね，面白そうですね」などのポジティヴな感想や，ほめ言葉をかけたいと思ったらどんどんかける。）
⑦ 3〜4分でファシリテータが役割交代の声をかける。
⑧ 交代後3〜4分で終了の声掛けをして，グループ内の話し合いに入る。話し手は「聞いてもらってどんな感じだったか？　どの質問が良かったか？　良くなかった，ぴんと来なかった質問はどれか」など，聞き手は「楽しかったか難しかったか，迷っていたこと，聞きたいと思ったのにうまく聞けなかったこと」などを互いに話し合ってもらう。
⑨ 全体シェアリング。まず，話し手，聴き手の体験ごとに，「楽しかった人」「うまく行かなかった人」など挙手で答えてもらうとよい。そのあと，何人かに感想を発表してもらう。どのほめ言葉が嬉しかったかを発表してもらうと，コンプリメントのワークになる。

【一人ワーク】

傾聴の練習になるかどうかと言われるとちょっと苦しいのですが、次のように一人でワークをやってみると、いろいろな気づきが得られると思います。

① 自分の今一番頑張っていることは何かと考え、書き出す。
② それについて、誰かに話すとしたらどんな質問をしてもらいたいか、質問を書き出し、答を順次書いてゆく。それによって、自分がどんなことを話したいのか、なぜそれを頑張っているのか、何があるから頑張れるのか等を考えてみる。
③ 最後に自分で自分をほめる言葉をできるだけたくさん書く。

家族や友達にこの質問をしていろいろ聞いてあげると、関係が良くなること請け合いです。最後にほめ言葉を忘れずに！

解説と注意

私の経験では、いつどこでやっても比較的ノリがよく喜んでもらえるワークです。自分が頑張っていることについて人は話しやすいものですし、聞く側にとっても聞きやすい話題だからでしょう。問題や悩みを聞く場合と違って、原因を探ろうとか解決してあげなければとか余計なことを考えず、純粋に楽しく話が聞けるので「知らない姿勢」での傾聴がしやすくなります。

注意点は、前のワークと同じように聞き手の良く知っている話題になった時です。たまたま趣味が同じだったりすると自分の知識や経験をつい披露したくなりますが、それは聞き手の役割を踏み外しているので控えてもらうように、初めに注意しておく必要があります。聞き手がたくさん話してしまうと話し手は話せなくなります。ここでの対話の目的はあくまでも、話し手に楽しく話してもらうことです。

聞き手が話に関心を持ってくれることで、話し手は話しやすくなりどんどん話が進みます。関心を持っていることを示すのは質問です（同時に非言語的に態度で示すこともももちろんですが）。

話し手の話に興味が湧いたらいろいろと聞きたくなり，質問したくなるはずです。グループワークの手順⑥でたくさんの質問の例を挙げたのはそのためです。SFAでは好奇心をもつことが大切にされます。ただし，問題への好奇心ではなく，クライエントの望みや頑張り，長所などポジティヴな部分への好奇心です。それらがクライエント自身の解決につながります。このワークは，そのような「クライエントのポジティヴな部分」に焦点が当たり，聞き手が好奇心を持ちやすいように仕組まれています。

　「解決へのあくなき好奇心」……初めてSFAの研修を受けた時，福岡のソリューションワークスで教えられた私の大好きな言葉です。SFAで言う「知らない姿勢」には「好奇心を持つこと」が含まれているのです。だって，人が好奇心を持つのは「知らないこと，今まで知らなかったこと」に対してですよね？

〈第3章のまとめ〉
・「知らない姿勢」で，「解決への好奇心」を持って傾聴すること。
・クライエントは自分自身の「専門家」である。
・セラピストが学んだ一般論では，クライエントの問題を充分理解できない。
・セラピストはクライエントの問題を「知っているけど知らないもの（こと）」と自覚せよ。（ゆえに，「知らない姿勢」で傾聴するしかない）

〈コラム　理論編〉

ロジャーズとソリューション

　カウンセリングや相談などでは，ロジャーズ[15]が指摘した「傾聴」「共感（的理解）」「受容」が大切と言われ続けてきている。さらに，最近では教育，介護，医療，営業，経営など社会のあらゆる対人関係の場で，コミュニケーションを図るためにこの3つが必要と指摘されている。そこでは「カウンセリングマインド」という言葉も使われている。この言葉は氾濫状態で，使っている人が何を意味しているかちゃんと理解しているかどうかかなり怪しいが，とりあえずこの3つを指しているように思われる。

　ロジャーズがこの3つをまとまった形で提示したのは，1957年の「治療によるパーソナリティ変容の必要・十分条件」[15]である。そこには，

① カウンセラーとクライアントとの間に心理的接触があること。
② クライアントは，「不一致」の状態にあること。
③ カウンセラーは，「一致」の状態（「純粋性」「真実性」「透明性」）にあること。
④ カウンセラーは，クライエントに「無条件の積極的関心」（受容）を持つこと。
⑤ カウンセラーは，クライエントに対し「共感的理解」をすること。
⑥ カウンセラーが「(③〜⑤の）中核条件」を満たしているとクライアントに伝わっていること。
⑦ ①〜⑥が一定の時間と回数，積み重ねられること。

---

15 Rogers, C. R (1957) The necessary and sufficient conditions of therapeutic personality change, Journal of Consulting Psychology, 21; p95-103
（伊東博・村山正治監訳（2001）ロジャーズ選集―カウンセラーなら一度は読んでおきたい厳選33論文，上巻，誠信書房，pp.265-285）

〈コラム　理論編〉ロジャーズとソリューション

　という必要・十分条件が示され，うち，③④⑤を特に「カウンセラーの中核条件」と言っている。「カウンセリングマインド」というのは，先に挙げた「3つ」では不正確で，正確に言えば，この中核条件のことを指すのだろう。

　中核条件の③は，カウンセラーが自身の経験と自己概念が一致して統合できていることである（後に，真実さ，誠実さ（genuineness）と言い換え⑤よりも重要とした）。④の「無条件の積極的関心」は，それまで「受容」と言っていたが誤解されやすいと，言い換えたもので，クライエントの経験している全ての側面を相手の一部として温かく受け止めることを意味する。⑤は，この論文では，最も重要とした条件で，カウンセラーが治療場面でクライエントの経験や感情を正確に敏感に知覚し，その意味を理解する能力のことである。共感的であるとは，クライエントの世界をあたかも自分自身のものであるかのように感じ取り，しかもこの「あたかも～のように，（as if）」を失わないことであると述べている。なお，「共感」ではなく「（共感的）理解」であり，「理解」の方に重点があるのだが，なぜか日本では「共感」という言い方をする人が多い。

　この中核条件を私なりに理解しようとあれこれ考え続けたところ，これは，「自分に偽りなく生き，クライエントがどんな人でも温かく受け入れて，クライエントの考え，気持ちをあたかも自分のことのように感じ取る」ということかと思われた……うわ～！　厳しい条件だ。カウンセラーは高潔な「人格者」であらねばならない，いや，神様，仏様でなくてはならないと言っているような勢いすら感じる。私には，無理。

　ただ，よく見ると⑥に興味深い条件がある。私流に読み替えると，⑥で言っていることは「クライエントが，カウンセラーは神様，仏様であると思う（誤解する）こと」ということではないか?!　一生懸命頑張れば，私も，カウンセリング中だけならば，神様，仏様までは行かなくとも「人格者」と「誤解」してもらえるようなことは，ごく稀にならば，あるかもしれないが……まあ，それもほとんど無理だなぁ。

　そう思っていところ，そこに救世主が現れた。

　ソリューションの創始者のひとりであるスティーヴ・ド・シェイザー

は，その著書で，「人と人のコミュニケーションは全て誤解である。ただ，不運な誤解と幸運な誤解がある」と指摘している。彼にとって，ソリューションというのは，少しでも幸運な誤解を生もうとする方法のひとつだったのではないか，と，私は勝手に解釈している。

例をあげると，コンプリメントのひとつとしてよく使われる言い方に「よくご相談にいらっしゃいました！ どうやっていらっしゃることができたのですか？」という，クライエントが問題を解決しようとする努力への直接的コンプリメントと間接的コンプリメントがある。実は，このコンプリメントを使っている時点では，クライエントが努力しているのかどうかはわかっていない。努力しているのだろうという前提でコンプリメントしている。これがハマれば，クライエントは自分の努力についてあれこれ話しはじめて自己効力感を高めたり，これまでの努力の中から効果的なやり方を見つけたり，新しい解決法を自分で探したりするようになる可能性がある。そういうことを期待，意図してコンプリメントしている。これは，幸運な誤解を生む努力とも言えるのではないだろうか。ちなみに，ハマらなければ「そうですか」と受け流すだけのことである。

また，クライエントのことはクライエントが専門家なのでクライエントに教えてもらうということで，クライエントにワンダウンの立場で質問するのがソリューションのやり方（知らない姿勢）だが，知ろうと質問することは，結果として，一生懸命クライエントの話を聞くことにつながって，何を「質問しようか」と考えて聞いているのに，クライエントは「この人は私の話を一生懸命聞いて理解してくれようとしている」と感じて（誤解して）もらえる可能性を高める。

ということで，ソリューションのやり方をしているカウンセラーは「人格者」でなくとも「カウンセラーの中核条件」を満たしていると，クライエントが感じる（誤解かもしれないが）可能性を高めることになっているように思う。これなら何とか，私のような人格者でもなんでもない者が，何とかクライエントの支援者になれる可能性がある。実に，上

---

16 「解決志向の言語学―言葉はもともと魔法だった」スティーヴ・ド・シェイザー著，長谷川啓三訳 2000 法政大学出版局

手い，理にかなったやり方である。 （龍島秀広）

第4章

解決の材料は何？（リソース探し）

〈リソース〉

　解決に焦点を当てるとか，好奇心を持つとか言われても，具体的にどうすればよいか，すぐには見えてこないかもしれません。例えば建築の場合を考えてみます。家を建てるというゴールに向かって，土台，柱，梁，床板，壁，窓，扉，壁紙，天井，階談……さまざまな材料が必要です。では「解決」というビルディングを建てる材料は何でしょうか？

　「解決」とは「クライエントが望む未来の実現」でしたね。そのためにはどこへ行きたいのか，どうなればいいのかを尋ねることが必要だと言いました。それによってクライエントが「解決イメージ」を描くことができるからです。それはいわば「完成図」や「設計図」に当たるでしょう。では，材料として何を使いますか？　何が使えますか？

　それは，前の章の終わりでちょっと触れた「クライエントの持つ，または周りにあるポジティヴな部分」です。長所，特技，能力，努力，頑張り，すでにできていること，過去にできたこと，未来への夢や希望，恵まれている環境，大切な人，協力してくれる人や機関……これら，「解決」にたどり着くために使えるもの，事が解決の材料になります。これらをSFAでは「リソース」といいます。

　「リソース」を直訳すれば「資源」ですね。埋もれていたり，ゴミとして捨てられていたり，隠されていたり，誰も利用できると思いつかなかったものがすごく役に立ったりします。この章で紹介する「万引きをほめる」ワークにあるように「なんでもあり」というか，ものごとを正面から，裏から，上から，下から，斜めから……

見たり,考えたりすることで,どんなことでもリソースにできる可能性があります。あるケース,ある問題ではリソースにならないことでも,ほかのケース,ほかの問題ではリソースになることもよくあります。

これは,例えば,「不登校」とか「自傷行為」といった問題を解決する際に使えるリソースは,そのケースによって違うということを意味しています。それらの問題が解決した時に,どんな風になっているかという「解決のイメージ」(「学校へ登校している」「フリースクールで勉強している」「趣味に熱中している」「家から自立している」……),は,ケースによって異なっているはずなので,そのゴールにたどり着くために使える材料も違うのは当たり前ということです。

とても大変な状況にあるクライエントと向き合っていられる方の中には,「そう言われてもあのケースはネガティヴな要素ばかり,ポジティヴなことは見つからない」という方もおられるでしょう。でも大丈夫,きっと見つかります。なぜなら,すべての物事には裏と表があり,ネガティヴな性質も裏から見るとポジティヴな部分があるからです。ネガをポジに変換すればいいのです。

次のワークをやってみてください。

〈ワーク〉 4-1　ネガポジ変換[17]（入門,初心）

ネガティヴな性質,行動,状況のポジティヴな面を考えます。
一人で考えるのではなく,何人かで一緒に考えると,とても面白

17　この名称の由来は,北海道札幌平岸高等学校の生徒たちが作って,全国高等学校デザイン選手権2010年大会で第3位に入賞したスマホ用アプリの「ネガポ辞典」です。私たちの勉強会では,特段の名称なしにこのワークをしていたのですが,札幌の高校生が作ったこの辞典の存在を知ってから「ネガポジ変換」と呼ぶことがすっかり定着しました。

い発想が出てきます。

【グループワーク】

① 所要時間 10分〜無限大?

② ファシリテータ1人，参加者は，何人でもOKですが，10人を超えるような場合は，全員に回答を求めない方がいいでしょう。

③ ファシリテータが，「ネガポジ変換」を以下のように説明をします。

　何か問題がある場合，その原因や原因に関連することとして，自身や相手，周りの問題点がいっぱい挙げられます。いわく「気が短い」「暴力的だ」「あわて者」「浪費癖がある」……。しかし「気が短い」は「ものごとを素早く判断して動ける」，「暴力的だ」は「不満を我慢せずに何とか解決しようと行動できる」，「あわて者」は「ものごとにすぐ着手できる」，「浪費癖がある」は「ケチケチしないでお金を出す」などと見ることも可能です。これを「ネガポジ変換」ということにします。

④ ファシリテータが，参加者に以下のように指示します

　「ネガポジ変換してみたい『お題』を出してもらいますので考えておいてください」と依頼し，「最初の『お題』は，○○です」とファシリテータが「お題」を出します。

⑤ 参加者に順番に，ネガポジ変換してもらいます。もし，思いつかないときは「パス」してもらいます。全参加者に答えてもらいます。

⑥ 次の「お題」からは，参加者の方に出してもらいます。

⑦ ⑤⑥を繰り返します。

⑧ 全体でのシェア：やってみての感想を全員から聞きます。特に，他の人の発想について感心したこと，面白いと思ったことなどを話してもらいましょう。

参加者が多い場合は，数人のグループを作り，グループ内で話し合ってもらい，各グループで話されたことをグループごとに発表してもらう方法を使うといいでしょう。

解説と注意

一見，悪いことのように思われることも裏返せば，悪いばかりではないものです。そういう発想を鍛え，リソース探しをするのがこのワークです。

実際の支援場面では，無理のあるネガポジ変換は，頭の中だけに留めておいて，「××ってことは，○○ってことでもありますね」などとクライエントには話さない方が良い場合も多いです。しかし，ネガポジ変換した見方で問題を捉えると，問題の解決に使えるリソースを探しやすいですし，ここぞというポイントで，ネガポジ変換を相手に伝えると，「そうですね！」と，みるみる相手が元気になることが多々あります。

不登校の相談で，保護者の方が「私の言うことを全く聞いてくれなくなった」と対応の大変さを訴えてこられた時（その大変さを十分にお聞きした後ですが），「お子さんは，自分の主張をできるまでに成長されたのですね」とネガポジ変換すると，「あ，そうですね！」と言われることはよくあります。

【一人ワーク】

① 今，対応に苦慮しているクライエントを一人思い浮かべる。
② その人の問題点を紙の左側に縦に並べて書く。
③ そこから線を引き，ネガポジ変換した言葉を右側に書く。
　……何か見えてきませんか？

次のワークは，ネガポジ変換の簡易版です。研修会，ワークショップばかりではなく，多くの人がいる場でも比較的気軽にできるワークで，その場がとても和みます。研修会の最初にやってみるのもお勧めです。

〈ワーク〉 4-2 「欠点も人から見ると？」（入門，初心）

【グループワーク】
① 所要時間：10分～20分。人数：ほぼ制限なし。
② 3人組を作る。話し手，聞き手，観察者の役割を決める。
　話し手は自分の欠点と思っていることについて話す。聞き手はどんどんそれをポジティヴに変換してゆく。観察者も思いついた変換を付け足す。聞き手と観察者の2人で相談して変換を考えてもよい（3，4分）。
　役割交代して，全員が全ての役割をする。
③ 全体シェアリング：うまく変換してもらって嬉しかった例をいくつか出してもらう。

　このワークは意外と盛り上がります。ちょっとした集まりやPTAの研修などでも好評でした。親の集まりなら「わが子の困った点」としてやってみると「そうか，そう考えればいいのね」などと喜ばれます。

【一人ワーク】
① 自分の欠点を一つ挙げて，紙に書く。
② それをネガポジ変換する。
　……ちょっと気が楽になりませんか？
　「これは言い訳を探すようなもので，自分の欠点を助長するだけだ」と言われるかもしれませんね。そういうこともあるかもしれません。そう思った方はやらないでください。
　でも，時には自分を甘やかすのもいいかもしれませんよ。

第4章　解決の材料は何？（リソース探し）

〈ワーク〉 4-3 「万引きをほめる」[18]（入門，初心〜）

　万引きをほめてはいけません！　万引きできる「才能」「能力」をほめる（認める）のです。それが，万引きをしてしまった人のリソースになる可能性があります。

【グループワーク】

① 所要時間：人数によって大きく異なる。20分〜。

② ファシリテータひとり（記録者も兼ねるか，別な人に記録者をしてもらう），あとのメンバーは，全員参加者。100人位いても可能。

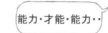

③ 「万引きできる（する）才能，能力」を考える。（「万引き」を，例えば「リストカット」「不登校」……等の問題に代えてもよい）

④ ファシリテータが，以下のように指示し，参加者に順番に一つずつ答えてもらう。

　「万引きできる（する）才能，能力を考えてください。例えば観察力，器用さなどです。なるべく単語か短い言葉で言ってください。順番にどんどん思いついたことを言ってもらいます。ない人はパスと言ってください。全員が言うことがなくなるまで続けます。こんなことを言ってはまずいとかは考えず，思いついたことをどんどん言ってもらうことが大きなポイントになります。また，実際に万引きした人と対応したことがある方は，万引きできる（する）才能，能力に限らず，その人が持っていた才能，能力

---

18 この「○○する（できる）才能，能力」と考えてみる方法，ワークは，神田橋條治先生や黒沢幸子先生も著書に書いています。（「精神療法面接のコツ」神田橋條治　1990　岩崎学術出版社，「指導援助に役立つ　スクールカウンセリング・ワークブック」黒沢幸子　2002　金子書房　等）

を言ってもらってもよいことにします」
⑤ ファシリテータまたは記録者は，参加者の回答を板書するかパソコンで入力しプロジェクタで表示する。
⑥ 出来上がったリストを眺めて感想を交流する。出来上がったリストを，参加者と一緒に振り返ってじっくり読み，参加者にどう思うか感想を話してもらう。人数によっては小グループ（3～5,6人）を作り，感想の交流をしてもらった上で，各グループからどのような感想が出たか話してもらってもよい。

解説と注意

　リソースになるような「よいところ」を見つける必要があると言われても，例えば，暴力，依存症，不登校，リストカット……等の問題を抱えた人のリソースを探すのはそう容易ではありません。どうしても，問題行動に注目してしまい，欠点が目についてしまいます。そういう時に，この方法を使うと，意外なほどリソースが見つかります。

　「万引き」と「不登校」でこのワークをした時に，出てきた「能力」「才能」を次に例示します。この他にもいろいろあるでしょう。くどいようですが，決して万引きや不登校をほめているのではありません。ただ，万引きをしてしまった子，不登校になっている当人も角度を変えてみればこんなに能力が隠れているということです。

万引き：周りをよく観察できる，ものおじしない，ダッシュ力，状況判断力，自分の欲求に対して正直であること，粘り強さ，楽天的，仲間から信頼されている，欲しいものを絶対に手に入れるという強い気持ち，計画性（力），今できることを後回しにしない，リスクマネジメントができる，仲間思い（断らない），器用さ，忍耐力，生活力がある，モチベーションが高い，ほどよく周りの迷惑を気にしない，義侠心，言い訳をする言語能力，図太さ，鈍感力，人を見る目，大胆な行動力……

第4章　解決の材料は何？（リソース探し）

不登校：大人に屈しない力，家で楽しめる力，真面目，自分の意思を通す，退屈にならない，孤独に耐える力がある，根気強い，熱中する，鈍感力がある，忍耐力がある，やさしい（外への暴力がない），考える力がある，みんながしていることをしない勇気，マイペース，自己防衛力がある，ゲームが上手，自己実現しようとする力がある，家族への愛情が強い，居心地が良い場所を見つける力，我慢強い，行動力がある，感受性が強い，自分の限界を知っているので無理をしない，バーチャルな世界に没頭できる，人に流されない，こだわりがある……

　問題行動があるといわれる人であっても，このワークのように考えてみると，いろいろな力があることがわかります。事例によっては当てはまらない項目もあるでしょうし，この他にもまだまだあり得ると思います。このワークは，人，もの，事を多面的に見ることの必要性を理解したり，実際にそうするための訓練にもなります。

〈リソース探し〉
　解決の材料となるリソースを探すことはとても重要です。煉瓦でも木でもセメントでも泥でも布でもよいのですが，何か材料がなければ家を建てることはできませんね。SFA的な支援の大部分は，極論すれば，「リソース探し」と「解決のイメージ」作りであるとも言えます。この章のワークではリソース探しのごく一部をご紹介しましたが，リソース探しの方法は他にもたくさんあります。「例外」を聞くのもリソース探しです。すでにできていること，頑張っていること，得意なこと等を直接質問する方法もあります。クライエントが「問題」を話している時にも，その話の中にたくさんのリソースが見つかることがごく普通にあります。セラピストはまずそれに気づくことが求められます。「解決構築の耳（〈コラム雑談についての雑談〉参照）」とか，「第三の耳（第5章参照）」とか呼ばれますが，SFAのセラピストはどんな話をしているときでも，リソースになることはないかと常に探しています。どんな状況にあるク

ライエントにも，必ずリソースはあると信じることが大切です。余談ですが2016年のノーベル賞（生理学・医学賞）を受けた大隅良典先生は四つ葉のクローバーを見つける名人だそうです。実は我々の会のスタッフにも一人居て，クローバーが生えている所さえあればアッという間に10本くらい見つけてくれます。そこに四つ葉があると思っていない我々の目には，あっても見えないのです。では，あると信じさえすれば見えるのでしょうか？　いえ，すぐには無理です。でも練習してコツをつかむと，きっとできるようになるでしょう。

　リソースを見つけ出したらどうするか，それは次の章に譲りますが，ほめる，認める，さりげなく対話の中でそっと触れるなどしているとクライエントがだんだん元気になってくる，ということはよくあります。しかし，必ずしも一々伝えるべきだというわけでもありません。伝えなくとも大きな効果がある場合もあります。

　ある場所でワーク4-3をした時，感想として「あの万引きを繰り返してどうにもならず，憎たらしいと思っていた子が，結構いいところがあったんだと思えてきて，憎たらしさがあまりなくなった」という参加者がいました。この気持ちの変化は，必ずクライエントに対する態度の変化につながるでしょう。クライエントを見る視線が多少なりともやわらぐ，口調が少し柔らかくなる……など，セラピストの態度が変わるとクライエントにも何か変化が生まれる，つまり2人の関係に大きな違いを生み出します。問題だけを見ていたら決して起こらない変化です。リソースを探すことがいかに大切か，わかっていただけたら幸いです。

〈第4章のまとめ〉
- 解決をつくる材料はリソース（＝クライエントの中や周りに存在するポジティヴな部分すべて）である。
- すべてのクライエントはリソースを持っているし，どんなもの，どんなことでも時と場合によってリソースになる。
- リソースを探し，見つけることはセラピストの仕事の重要な部分であり，そのためには自由な発想と物事を多面的に見，考える態度が必要。
- 見つけたリソースを一々クライエントに伝えなくても，効果がある場合もある。

〈コラム　実践編〉

保健センターの乳幼児相談

　私の職場は保健センターで，肩書きは「臨床心理判定員」あるいは「臨床心理技術者」です。さまざまな相談場面のうち代表的なものは，1歳半乳幼児健診です。健診には，身体計測，医師の診察，歯科健診，栄養相談などのメニューがある中で，医師からの心理相談指示あるいは親御さんからの相談希望による数組のご家族が，心理相談室にいらっしゃいます。

　入室された親御さんは，人生初めて心理職と出会い話しをする方がほとんどです。また，「確かに言葉が出ていないけれど，そんなに気にはしてない」と相談動機は低いのが一般的です。

　ここで心理職に求められる専門性は，短い時間に子どもと遊びながら行動観察し，親御さんの話も聞き，わずか数十分の間に子どもの発達を見立て，親御さんへ助言したり，必要ならば福祉あるいは医療資源まで紹介すること等です。

　保健センターの心理相談は「障碍児か？　あるいは健常児か？　と子どもをふるい分ける」と誤解されがちですが，子どもの出来ない部分をかき集め，親御さんへ指摘し，警告し，医療や療育へ親子共々丸投げすることはありません。もちろん医師ではないので診断名を告げることもありません。

　私が理想とする心理相談は，親御さん達の中にある育児への戸惑いに気づき，親子の関わりがより良く持てる道筋に修正して頂くことです。

　例えば，親御さんが「この子は一人遊びをしたがり，関わると嫌がる」「一人目の子だからよくわからない」「話しかけても反応がない。これがこの子の性格なんだ」とおっしゃる場合があります。このような戸惑いを特に意識していないことや見て見ぬふりをしていることがあります。

　そんな場合，ソリューション・フォーカスト・アプローチ（以後 SFA と記す）に出会う前の私は，「言葉の発達にはコミュニケーションの土台

〈コラム　実践編〉保健センターの乳幼児相談

が必要で，子どもと大人がじっくり関わる必要がある」ことを説いていました。まるで，学校の講義のように。そして，「言葉が数語しか出てない。だから，○○してみよう」とか「○○に気を付けてみましょう」といったアドバイスをしていました。

　また，なるべく的確なアドバイスをするために，発達検査の練習を繰り返したり，発達本を読みあさったり，実際の療育現場で子どもと関わることで，発達に対する知識とスキルの向上に努めていました。

　しかし，次第に疑問が芽生えて来ました。私がするべきことは，アドバイスの種類や数を増やすことなのか？　発達検査の精度をあげることなのか？　アドバイスをしても親御さんの中には，そんなことはすでにやっていると言う人もいる。ましてや，「今○○をしないと子どもが将来困る」と，まるで予言者のようなことを言ってよいのか？　どんなにアセスメント能力を上げても，子どもの将来がわかるはずがない。子どもはどこでどう育つかわからないし，可能性も沢山秘めている。

　何かが違う。何をどうしたらいいのか？と思い詰めていたときに「SFA」に辿り着きました。「どんなクライエントでも，解決の糸口は必ずそのクライエントの中にある」。この考えが基本であるSFAに出会ってから私の面接は変わりました。

　まず私自身の気持ちが，とても楽になりました。何かをさせる必要がなくなったからです。また，面接での言葉も変わりました。「言葉が遅い」に対して「言える言葉は何ですか？」。一言も出ていない子どもに対しても「言葉じゃなくても，どんなアピールをしてきますか？」とできている部分を具体的に聞き出すようになりました。

　親御さんに「今まで工夫してきたことは？」とすでに行っているリソースを具体的に聞くようになりました。育児に疲れ涙するお母さんには，コンプリメントとノーマライズをし，どうなりたいか？と解決像を聞くようになりました。

　ある日，小さい女の子を連れたお母さんが面接にいらっしゃいました。最初は，子どもの様子を伺い「お母さんがお子さんと一緒に過ごして一緒に楽しいと思った出来事はありませんか？」とリソースを探るつもりで質問しました。

次の瞬間にお母さんは，子どもには目もくれず私にむかってキッパリと言いました。「今までこの子と関わって，かわいいと思ったことは一度もありません」。さらに「私は望んで妊娠したわけでもないし，子どもが嫌いなんです」。他にも「義務だと思って育てている」「抱っこはしたくないけど，仕方なくしている」などと子育ての苦痛を話されました。

　一通り話し終えた時に私は「すごく言いにくいことを言ってくれて，ありがとうお母さん。勇気を持ってよく言ってくれましたね」と言いました。それから，「私は，お母さんが今日ここに相談に来たこと自体が，すでに子どもを愛している行為だと思います」と話しました。「本当に愛情がなければ，無関心です。でも無関心ではないからわざわざ相談に来てくれたんでしょう？」

　すると，お母さんは「妊娠してからこの気持ち（かわいくない）を誰かに話したかった。でも，とてもとても言えなかった」と涙し始めました。

　「かわいいと思ったことが無い」という言葉の裏側には，「本当はかわいいと心から言いたい」という切実な願いがある。そして，そう思えないことにすごく苦しみ続けている。この苦しみに耐えながら淡々と子育てしてきた日々は，娘への十分な愛情ではないのか？　SFAに出会ったおかげで，私が気付かされ教えられた視点でした。

　さらに，SFAを知らずにこのお母さんに出会っていたら……面接の方向がお母さんに全くフィットしないどころか，お母さんを追い詰めていたのでは？と空恐ろしくもなったケースでした。

　こんなふうに親御さんにとって人生初の心理職との出会いが，SFAのおかげで「また相談に行ってもいいかも」と思ってもらえる面談に近付いた気がします。

（藤川麻由子）

第5章

リソースを見つけたらどうするの？（コンプリメント）

〈コンプリメント〉

　さて，リソースを見つけることができたら，それを面接に生かしていくのが大切です。その代表が「コンプリメント」という技法です。技法とは言いましたが，一言で説明すれば大変単純で，要はほめることです。なので，他の質問に比べれば，いかにも簡単に見えますが，実はとても奥が深いものです。それは，ほめれば相手が喜ぶというほど現実は単純ではないということからもわかるでしょう。技法としてのコンプリメントは，クライエント自身が納得できるよう，言い換えれば，相手の心の中に入るようにほめることです。これが意外に難しく，セラピストにはたくさんの工夫が求められます。けれども，「コンプリメントとスケーリング・クエスチョンだけで，すべての面接をやれるかも」という専門家もいるほど，応用場面がとても広い必須の技法ともいえます。

　コンプリメントを「ほめ言葉」とベタな日本語訳にあまりしないのは，「おべんちゃら」とか「歯の浮くような台詞」を言えばいいのだという安易な誤解を受けないよう，カタカナ英語のままにしている，という意味合いもあるでしょう。また，「ほめる」以外に「認める」「賞賛する」「尊敬や敬意を示す」，場合によっては「ねぎらう」「いたわる」などが当てはまる場合もあります。感嘆詞や表情やしぐさで表すこともできます。（ちなみに，インスーの口癖は"Wow！"でしたし，スティーヴはよくクライエントに近づいて握手するのが得意でした。どちらもとても効果的なコンプリメントでした。）

　人を叱るのが非常に難しいことであるように，ほめることも簡単ではありません。が，上手く働けば，クライエントとセラピストを

大いに助ける技法なのです。

〈ワーク〉 5-1 自分をほめる

【一人ワーク】

　自分をほめるのって難しいですか？　易しいですか？　人によるでしょうが，自分を元気にするために時には必要です。ウヌボレに浸るためではなく，自分も結構頑張っていることを発見して自信を取り戻すために，次のワークをやってみてください。

　今，「自分はダメだ」と落ち込んでいる人ほど，効果があるはずです。

① 最近で自分が頑張っていることについて考える。ない人は昔でもよいから一番最近頑張ったこと，少なくともこれだけはやったゾと言える，または辛かったけれどやり遂げた，手を抜かなかった（少し抜いたけどとにかくやった），などと思えることを一つ選ぶ。
② それについて，何を，どんなふうに頑張っている（頑張った）のか，詳細に具体的に思い出してみる。
③ 次に「どうしてそんなに頑張れたのか，何があったからやれたのか？」と自分に問いかけてみる。動機，その時の状況，エネルギー源，助けてくれた条件，人など関連することすべてに思いを広げてみること。
④ その上で，とにかくやりとげた自分に何か言葉をかけてください。

　いかがでしたか？　「よくやったね」「やればできるじゃん」「結構いい線いってる」「まだまだ大丈夫」などと言えた方は素晴らしいです。自分の中にも，周りにも，たくさんのリソースがあることに気づいた方も多いと思います。

第5章 リソースを見つけたらどうするの？（コンプリメント）

〈ワーク〉 5-2 「コンプる」シャワー（入門，初心〜）

【グループワーク】

まず初めにやさしい（優しい，易しい）ワークをご紹介します。
　「ソリューションランド[19]」を主催している竹之内裕一さん達のグループがしているワークです。

① 所要時間：20〜30分。
② 3人以上一組で，「話し手」1人，あとは「聞き手」です。
③ 話し手が自分のプチ自慢（最近あったこと，頑張っていること，うまく行ったこと，ひそかに自慢したく思っていることなど）を簡単に話します。
　話題になりそうなことを書いたカードをたくさん作っておき，それを引いて話し始めるというやり方もあります。
④ その後，話し手は，聞き手の人たちに背を向けます。
⑤ 聞き手の人たちは，互いに話し合いながら，話し手の話したことをあらゆる言い方，角度からほめます。背中からシャワーのようにコンプリメントを浴びせかける感覚です。（③からここまでで5，6分）
⑥ 全員が「話し手」をして終了です。

解説と注意

　「コンプる」とはコンプリメントを日本語の動詞にした造語です。このワークは，特別相談場面を想定しません。簡便なワークとして，まずほめること，ほめられることに慣れる練習ができます。さらに，対人援助職をやっている皆さんが，燃え尽きないようにお互いを支えあうためにも使えます。この場合はいわば助け合いの実践として定期的にやってもよし，みんなでやりやすい形に工夫しながら，時々やると良いかもしれません。

---

[19] 「ソリューションランド」のホームページ　http://www.solutionland.com/

③の部分を自慢話でなく，愚痴，困り事に変えると実践場面に近い状況となり，初・中級レベルになります。困り事の中からリソースを見つける，常にリソースに注目し，探す姿勢の練習になり，次に述べる第三の耳の練習にも通じます。

第3章で挙げた傾聴のワーク3-2（2人組で一人が『頑張っていること』を話し，もう一人がほめる）も同じように使えます。これだとちょっとした研修や講演の中で簡単に使え，ほめられる嬉しさを体験することができます。でも，コンプるシャワーはほめ手が一人でない所が特徴です。それによっていろいろな角度からリソースを見つけ，いろいろなほめ方があることが実感できるでしょう。

また⑤の部分で，コンプリメントを当人に向けて直接伝えるやり方から，お互い同士の噂話「こんなところがスゴイよねえ」と話し合うやり方に変えることもできます（間接的コンプリメント（後述）の一種）。どちらが言われてうれしいか実験してみるのも面白いと思います。

〈第三の耳を育てる〉

人をほめるためのトレーニングとして，まず，ほめる場所をたくさん探すことから始めましょう。つまりリソース探しですが，面接の中でクライエントが問題ばかり訴えている時に，その中からほめられることを探し出します。

いわゆる"処遇困難例"に多く出会う立場にいるセラピストは，自分自身が時には燃え尽きたり，諦めたり，匙を投げたり，その果てに，知らず知らずの内にいささかクールな批評眼でクライエントを突き放して見る姿勢が身に付いてしまったりすることがあります（私も人のことは言えません……）。しかし，セラピストにとって最もほめにくいクライエントこそ，実の所はコンプリメントを最も渇望しているクライエントだということを，改めて思い出しましょう。

難しいと思われるかもしれませんが，これが意外と見つかるものなんですよ。前の章で「ネガポジ変換」をやった方ならある程度見当がつくと思いますが，それ以外にもいろいろな角度から「ほめ

所」は発見できます。ワークの後の「解説と注意」を参考にしてください。

〈ワーク〉 5-3 「第三の耳」を育てる（初・中級）[20]

【グループワーク】

ロールでやるワークです。まず，集まった人の中から，"不平不満ばかり言い続けるクライエントにほとほと困っている"人を選びましょう。今困っている人が望ましいですが，過去の経験でもかまいません。そういう経験をした人にクライエント役を演じてもらい，その後グループ全体でほめ場所を一緒に探して行きます。

① 不平不満ばかり言い続けるクライエント役を決める。
② 次に，セラピスト役を一人選び，他はギャラリーになって外でロールプレイを観察する。
③ 5分間ロールプレイをやる。
　クライエント役：とにかく5分，ひたすら文句を言い続ける。多少鬱憤を晴らしても良い。
　セラピスト役：ここではあいづち程度でいいので，とにかく聞くことに徹する。
④ ストップをかける。
⑤ クライエント役を除いた，セラピスト役とギャラリー全体で，頭をひねって少しでもほめられるところを探す。出てきたほめ言葉は，白板または大きめの紙に書き出しておく。数で勝負。細かくたくさん出そう。
⑥ 書きあがった白板（紙）を眺めて，セラピスト役の人が「これがベストだ」と思うほめ言葉を3つ選ぶ。この時，皆と話し合ってもよい。が，最後はセラピストの勘や主観で独善的に選んで良い。わからない時は，どれか適当でもかまわない。

---

[20] イボンヌ・ドラン WS（ソリューションランド主催　2013.4.27-29）より

⑦ ロールを再開して、セラピスト役は、書き出したものをベスト３から順にクライエント役に伝える。そして、どうしてセラピストがそう思ったのかできるだけ説明を加える。さて、クライエントの気持ちに入るもの、あまり入らないもの、「それは違う」という感想など、反応は色々あるかも知れないが、とにかく一旦終わる。

⑧ ロール（役割）を降りて、どういう感じを持ったかクライエント役に聞きながら、自由に全体で話合おう。クライエント役は「こうほめてほしかった」とか、「ここはほめられてもあまり嬉しくなかった」「でもここは良かった」など、感想を積極的に言ってほしい。ここでも、「どのほめ方が正しいか」ではなく、「どのほめ方がわりとうまく行ったか」を念頭に置こう。おそらく、ほめ方にも色々のコツがあることがわかるだろう。

解説と注意

このワークのポイントは、③のロール進行中に、ギャラリーの皆が自ら「第三の耳」を開く努力をいつの間にかしている、という点にあります。それはつまり、「ほめどころがどこかにあるはずだ」という確信を持って、クライエントの話に耳を傾ける練習です。不平不満ばかり語るクライエントの話の中にも、実際にはさまざまな話題が出てくるはずです。その人の生活のあらゆる場面で、クライエントが一切何もできない全くの無能な人物である、ということはあり得ません。探そうという姿勢さえ持っていれば、小さくとも必ず何かは発見できるという経験をしてほしいと思います。

次のポイントは⑤の「ほめ所探し」の話し合いです。「何にもほめるところがない」と全員で諦めるのはナシですよ。そういう時こそ、"文殊の智慧"で皆が協力することが大切です。

では「ほめどころ探し」のコツを挙げておきましょう。

ア　ごくごく小さいことでかまわない。
イ　最低限から考える～もっともっとひどい条件のクライエント（やる気のない、考えのない、物のわからない、ありえないほど

の逆境にいる，etc.）も世の中には必ずいるはず。……なので，そのレベルから考えれば，このクライエントはまだほんの少しはマシなはず，という観点。
ウ　いろんな角度から探し出す。
エ　問題に関係ないところにも注目する〜趣味や余暇などに才能を発揮する人は多い。

　　グループで話し合っているうちに，「このクライエントはたしかに愚痴は多い人だが，そういえば，いつも身奇麗にしているね」とか，「感情は素直に言える人だ」とか出てくるはずです。いろいろなアイデアが出た後で，グループ全体が「なるほど，そういうほめ方もあったか〜」という感覚になって行ければ，ワークは大成功です。

　どうしても何もほめ言葉が出ないときの，助け舟を書いておきます。「愚痴の多い人」は，リフレーミング（ネガポジ変換的な見方の変更）すれば「真剣に悩んでいる人」ですし，「相談に来る気持ちはある人」なのは確実なことです。困り，悩み，相談した（している），という現実があるのですから。
　実際にほめ言葉を使ってみる⑦の場面にも注意点があります。やってみなければコンプリメントの成功・失敗はわからないにせよ，ヒット率を上げるための工夫です。
ア　クライエントが大変苦労していることへの労いをベースにおく。つらい状況にいることをきちんと認め，クライエントが耐えている，あるいは頑張っていることに，まず敬意を示す。
イ　ほめる内容を"てんこ盛り"にしない。「素晴らしい人です」などと抽象的かつ大げさにほめ上げても，ほとんどのクライエントには響きません。
ウ　事実でほめる。例えば，セラピストが「あなたは，何とか解決しようと努力していますね，素晴らしい」と言っても，クライエントは「いいえ，素晴らしくなんかないです」と受け付けなかっ

たとします。そういうクライエントであっても，セラピストが「なるほど，でもお話によると，ご家族と2度話し合って，その時はあなたも自分の意見をいいましたよね，そういう努力はしていると思います」と，事実でほめなおすことができます。自分の語った事実を否定するクライエントはまれでしょう。多くの場合，「まあ，たしかにそれはそうです」という返事が返ってくるでしょう。

〈コンプリメントの種類〉

練習を通じてやがて，"文殊の智慧"を借りなくとも，自然にほめ所を見つけられるセラピストになっていけると思います。そのように，徐々に「第三の耳」が開いてくれば，問題だらけのクライエントの話を聞いている最中にも，ちょっとしたクライエントの努力や成功，クライエントの資質や才能，そしてちょっとしたポジティヴな変化に気づきやすくなります。

その時ごく普通にセラピストが発する言葉は，「ほ〜ぉ」「へえ！」「おや」「すごいですねー」などの，単純で肯定的な感情表現ではないでしょうか。セラピストそれぞれの個性がありますから，声は出さずに，笑みで応える人もいるでしょう。

SFAの技術の中に，「Wowセラピー[21]」というものがあります。これは，クライエントのちょっとした成功など大事な話題が出て来た時に，セラピストがぼんやり無反応でいるのではなく，ちゃんと肯定的な感情を返しましょう——もっと簡単に言えば，良いことには「Wow！」と反応せよ——というものです。しかしこれは，英語で「Wow！」と発音練習をしなさいという意味ではもちろんなく（笑），セラピストがちゃんと気づけばちゃんと反応しているものだと私は思います（もちろん，練習として意図的にやっておくことにも意味はあります。スイッチが入りやすくなります）。

---

[21]「飲酒問題とその解決—ソリューション・フォーカスト・アプローチ」(218p) インスー・キム・バーグ・スコット.D.ミラー 1995 斉藤学他訳 金剛出版)

要するにコンプリメントとは,「セラピストがクライエントのリソースに気づき,肯定的反応を返すことのすべて」であると言えるでしょう。

　ごく自然にほめ言葉をかけること(=**直接的コンプリメント**)をした後で,更に少し踏み込んだ「**間接的コンプリメント**」をすることができます。これは,クライエントの成功や努力に対して,「よくやったね〜」と直接ほめるだけでなく,「どうやってやったの?」とか,「どうしてできたの?」「そのやり方をどうやって思いついたの?」などと,質問の形で根掘り葉掘り成功の周辺を掘り下げる方法です。あらゆる角度から成功や利点にについて,クライエント自身が語れるような(あるいは,語らざるを得ないような)状況を作り出す技術です。

　実は,この間接的コンプリメントは,直接ほめるよりもずっと,クライエントの内面に肯定的に響くものだと言われています。それは,肯定的な出来事に自分自身が関わっていると自分が具体的にイメージすることが,結局は自分で自分をほめること(セルフ・コンプリメント)につながるからだと思われます。間接的コンプリメントは,答えてもらうのがなかなか難しいところがある質問なのですが,問いかけが上手くはまって「そうだね〜,どうやってやったのかなぁ」とクライエントが考え始めてくれれば"しめたもの"です。期待を込めてクライエントの答えを待ちましょう。

　クライエントが自分自身をほめる「**セルフ・コンプリメント**」が最も望ましい形とされています。もちろん,ウヌボレの強い人がよいと言っているわけではありません。自信をなくし,打ちしおれていたクライエントが,セラピストとの会話の中で「あ,自分にもそんな所があった,自分もやっていたんだ」と気づいて,だんだん元気になってゆくことです。既に述べたように間接的コンプリメントから導き出されることが多いようです。

〈ワーク〉 **5-4 連続コンプリメント（中・上級者も参加して対象は初心）**

【グループワーク】

WOW→直接→間接と3つのレベルのコンプリメントを連続して行います。

① クライエント役を1人決める。自分のちょっとした悩みを想定して相談する役割。
② セラピスト役を3人決める。1人は（グループ内でまあまあ相対的に）上級者（Th1），あとの2人は初心者がよい（Th2, Th3）。
③ クライエント役は普通に相談を始める。
④ セラピスト役3人の役割分担は，以下の通り。

　Th1 = WOW役：「ここはほめられるな～」と気付いた場所で，小声で「WOW」と他のセラピストに合図を出す。練習なので，頻度多めに合図を出そう。

　Th2 = 直接的コンプリメント役：合図が出たら，その場の話の流れに合うような言葉を選んで，「すごいですね～」とか「ほおほお」とか，直接ほめる。（言い方は自由，ただし表現が極端になって浮いてしまわないよう言葉を選ぶ。ある意味，素直にいうのが一番。もちろん自分のキャラクターの範囲で無理せずにやる。）

　Th3 = 間接的コンプリメント役：直接的コンプリメントの後に，間接的コンプリメントの質問をする。以下の例から選ぶと良い。

「どうやってやったんですか？」

「どうしてそれができたんですか？」

「そのやり方をどうやって思

気づく　　直接ほめる　　聞き出してほめる
　　　　　　　　　　　　（間接）

いついたんですか？」
　（その他，自分で考えても良い）
⑤　話の続きを聞いていく
⑥　時間（10〜15分程度）まで，③〜⑤をくりかえす。
⑦　面接を終えて，全体で感想を共有する。

解説と注意

　ここで練習するのは，ほめることができる場所に気づくこと（「第三の耳」），ほめ言葉を実際に口に出してみる練習，間接的コンプリメントの質問を実際に使ってみる練習，これらを続けてやるワークです。まず「ほめ所」に気付かなければ何も始まりませんので，比較的SFAの実践に慣れた人に最初の切り口を見つけてもらいます。あとはパターンに沿って練習していくという考え方です。

　ワークに詰まるとしたら④の間接的コンプリメントのところでしょうか。その場合，以下を参考にしてください。

・もしも問いかけがクライエントに，いい具合にはまったようならば，3問とも全部立て続けに質問しても良い。
・自分なりの間接的コンプリメントが思いついたら，それを聞いてよい（逆に，無理をせず，3つの例から選んでも良い）。
・どうしても適切な質問が思いつかないときは，"タンマ"をかけてセラピスト役3人が短時間打ち合せてもよい（カンニング可，ということ）。
・ただし，どの間接的コンプリメントの場合も，クライエントが困っている（乗り気でない）ように思われたら，すぐやめて次へ行くこと。

〈コンプリメントに慣れること〉

　日本人はほめることが下手だと言われます。最近少し風向きが変わり，「ほめる」ことが推奨される向きもありますが，そうするとまた反発で「ほめてはいけない」などという論説が流行ったりします。いけないのは，根拠のない持ち上げや「おだて」のことであっ

て、SFAでいうコンプリメントがフィットすれば、必ずクライエントを元気にします。ほめ上手になるには「いいな」と思ったらすかさずそれを表現する習慣づけと、表現方法を身につけることでしょう。次のワークはそのような訓練を目指しています。

〈ワーク〉 5-5 ネガティヴ千本ノック（中・上級）[22]

【グループワーク】

一部を変更すれば初心レベルでも使えますが、ワークの説明は、上級者向けの方が簡単なので、そちらから説明します。（実際のやりやすさを考えて、一部改変しています。）

① セラピスト役とクライエント役に分かれ、2人一組になり、グループ全員が同時にやる。
② クライエント役はひたすら愚痴やら文句やらを言い続ける。
③ セラピスト役は、それをノックのように打ち返す。ただし、共感しながら（これが大切）

　ここで"打ち返す"時にどうSFA的な発想を盛り込むかが大事なので、（このままのやり方だと）上級者向けのトレーニングにふさわしい。テリー・ピショー氏によると、SFAの問いは基本的に3種類の問いかけに分けることができる。それは……

・どうなりたいか　（What they want ?）
・できていることは何か　（What they have ?）
・次は何をするか　（What's next ?）

の3つで、このどれかにつながるような言葉がけを返すことを、"打ち返す"練習のように行っていく。クライエントの言った文章の中から、どの言葉を消去し、どの言葉を残すのか、選択するのはセラピスト側である。

④ クライエントの愚痴、一言に対して、セラピストは共感の言葉

---

[22] テリー・ピショー WS　ソリューションランド主催 2014.4.26-27 より

第5章　リソースを見つけたらどうするの？（コンプリメント）

でうんと時間を稼ぎながら，返す言葉を捜す。そして言う。これでワンターン終了，次の愚痴に移って行き，どんどん続ける。

ピッチング・マシンのように愚痴を言い続けるクライエント役も，実は結構大変である。これまで経験したクライエントの愚痴や，知人家族あるいは自分の愚痴，ドラマや物語でよく出てくる決まり文句の愚痴など，いろいろイメージして言わなければならない。

例：
Cl「もう，いやんなっちゃったよぉ～」
Th「そう，いろいろ大変そうなんだねぇ……，なるほど，そうね，うんうん（単なる時間稼ぎ），でもあれじゃない，これまで嫌になるほど，とことん頑張ったんだよね？」
（ワンターン終わり，場面を変えて）
Cl「もう，あの上司だったら，ホント現場のこと分かってないんだから！」
Th「ああ，あの上司ねぇ，ホントわかってないよねぇ，うんうん，なるほど（時間稼ぎ），そうだねぇ，あ！　あなたは現場を何とかしたいって，真剣に考えているってことだよね」

以下，どんどん場面を変えながら続ける。これはあくまで例なので，台本のようにこれを読んでも無意味。自分達で頭をひねりながら，実際にやってみるのが大事。

⑤　適当な時間で止めて，役割交代。5分もやると，かなり疲れる。
⑥　全体で経験を共有する。

〈ワーク〉 5-6 「変型判ネガティヴ千本ノック」(初・中級)

【グループワーク】

　基本的なやり方は，上記「ネガティヴ千本ノック」と同じですが，SFA的な切り替えしとはどんなものか，初心者にイメージしてもらうためにやります。したがって，ピッチング・マシンに喩えると，一球一球確かめながら打撃練習するための，超スローペースの設定です。やりながら少しずつ「わかってくる感じ」がある場合，価値のあるワークだと思います。ですが，やってもまだ「わかってこない」「ピンと来ない」状態が続く場合は，このワークでは駄目で，他の練習をした方がいいでしょう。

① グループが数人いるとして，1人クライエント役，1人セラピストを選ぶ。さらに1人，観察者兼コーチ役（Ob）になる（グループ内の比較的上級者がやると良い）。残りの人は全員セラピストのバックアップ・チーム。皆で協力して，愚痴に対して打ち返す練習（ピッチング・マシンが，一球ずつ丁寧に球を投げるイメージ）。

② クライエントが一言愚痴を言う。たとえば「もう死んじゃいたい！」

③ これに対して，セラピスト役は「そう～，なんか本当に大変なんだねぇ」etc. きちんと共感的な台詞を言いながら，「HELP！」という目線をちらりとバックアップ・チームに送る。

④ ここでOb役が司会を取って，「はい，どんな返しをするといいでしょう？」と，チームからアイデアを募る。白板に「What they want?/What they have?/What's next?」と書いておくと良いかもしれない。

（例：※必ずしも良いとは言えない例だが，あくまでサンプルとして）
What they want? 「誰だってホントは，死ぬより生きて楽しみたいよねぇ」

What they have? 「それぐらい真剣なんだね」
What's next? 「今の状況から抜け出せるといいのかなぁ？」

この3つが揃う必要はない。セラピストがどれかを採用してクライエントに返す。
⑤ ②〜④をしばらく続ける。
⑥ 時間で止めて，全体で経験を共有する。
⑦ クライエント役・セラピスト役を変更して，また再開しても良い。①〜⑥を繰り返す。

解説と注意

ワークショップでは，講師のテリー・ピショーさんは「否定的な言葉に巻き込まれない練習」と説明しており，「千本ノック」という説明はただのジョークだったかもしれません。が，正にそのようなイメージのワークです。流れを追ったロール・プレイのような練習も大事ですが，スポーツの基礎練習と同じで，このような一見単純に見えるワークも，時々はやっておいた方が良いと思われます。

〈問題志向と解決志向〉

「リソースを発見し，コンプリメントする」という，解決志向の中心ともいえる考え方，態度に，少しはなじんで頂けたでしょうか？

「まず問題とその原因を解明する」という問題志向的な発想は，我々の心に深く染み付いています。多くのセラピーでは問題志向的発想がその基盤になっています。その理由は，医学的診断のように，そもそも物事を問題志向で見なければことが始まらない分野が数多くあるからでしょう。当然，多くの人がそれに慣れ親しんでいるわけです。

一方で，ストレングスやリソースに注目するというポジティヴ志向の考え方も，近頃かなり一般的になりました。多くのセラピーが"常に問題にばかり目を向けているわけではない"とは言えます。

ただ,SFAのようにセラピー全体の基本フォーマットに解決志向を置き,できるだけシンプルにそれを貫くという考え方は,まだまだ少数派のように思います。

SFAをそれなりに長く実践してきている我々も,解決志向的な発想が出て来なかったり,後になってそれに気づくことがあります。一方医学のような分野でも,臨床でのコミュニケーションの工夫などSFAが応用できる部分はたくさんあって,使えば使うだけ役立つということも実感しています。

問題志向から解決志向へ考え方・感じ方そのものを変えて行くことは,あたかも,パソコンのOSを全く違うものに取り代えるような,なかなか大変な作業です。一見簡単に見えて(たしかに,ひとつひとつは決して難しくないのですが),それをシンプルに貫き通すのは簡単ではありません。この辺りの事情を,インスー・キム・バーグやシェイザーは「右利きを左利きに変える」と喩えていました。「第三の耳」という言い方もご紹介しましたね。「ふだん使わないでいる新しい耳」を持つ練習——SFAではよく使う喩えですが,実践と練習を繰り返していくうちに,この「第三の耳」がだんだん大きくなり,聞こえが良くなってくるように思います。

いずれにせよこの耳は,あえて意識して鍛えないと,問題志向的な発想が癖のようにふいに表に現れて,一瞬で元に戻ってしまう——これは誰にでもあることではないかと思います。でも,がっかりすることはありません。大切なのは,問題志向的な発想をすべて捨て去ってしまうことではありません。そんな必要はありません。むしろ,解決志向——より正確にいうと解決構築——的な物事の見方が,自然と身体の中に入っていて,いつでも自在に使えるようになることです。

いったん少しでも使えるようになってくれば,あなたは「ちょっと感じがつかめたかな」と思うはずです。あたかも自転車や泳ぎのスキルように,一度「乗れた」「泳げた」という感触をつかんでしまえば,逆に,一生忘れることはありません。そして最終的な理想は,「左利きでダメな時は右利き」という自在な使い方,つまり両

利きになることだと思うのです。

〈第5章のまとめ〉――――――――――――――――――――――

- "第三の耳"を持たなきゃ始まらない（どんな話の中にもリソースは隠れている。ほんの少しの可能性も聞き漏らさない練習を）。
- 等身大の事実でほめよう（おおげさ，おべんちゃらは逆効果，さりげなく触れるだけが良い場合が多い）。
- Wow→直接→間接の，三段跳び（リソースを見つけたら自然にコンプリメントできるように。コンプリメントの仕方はいろいろあるが，どれも使えるように練習しておこう）。
- 究極の目標はセルフコンプリメント（クライエントが自分をほめ始めたらもう大丈夫）

〈コラム 実践編〉

高齢者の相談を担当する保健師

　初めまして。私は看護や地域福祉の分野で仕事をしてきました。現在は，高齢の方を対象に役所で保健師をしています。看護や福祉の分野って"人の役に立ちたい"という気持ちで，その道に入られた方も多いかと思います。私はその一人です。(今から思えばなんとおこがましかったか) そんな気持ちが基本にあるかと思うのですが，行き過ぎると，自分が勝手に"これこそが適格な相談支援だ"という妄想を押しつけてしまい，そこに至るための"レール作り"をしてしまうことが往々にしてあるのではないか。

　そんなことを公私ともに感じていた時期に，入門講座のチラシをみて参加を決めました。その時に参加された方々は，私と同様にソリューションって何？というような初心者が多かったように思えます。入門講座を経て実践講座に参加し，苦手なロールプレイを当初"恥ずかしいな"と思いながらしていたことは今でも忘れません。正直，まだ緊張しますが。

　けれどあの頃，自分がしてきた対人援助，自立支援ということが，果たして本当にその方のために良かったのか？　自己満足ではないか？など，自分が振り返って考えてみたいと感じていた"何か"をここでは探していかれるような気がしたのです。

　ここでのSFAは，入門講座，実践講座そして夜間や週末の勉強会，さらにその後の懇親会があり，どれもそれぞれに味があります。"味がある"というのは，SFAに集まる方々がとても個性的で，さまざまな分野で活躍されているゆえなのか，お一人お一人が魅力的な人たちなのです。自分でもここまで"はまるかな？"と思うくらい，私ははめられました，いえ，はまりました。

　とは言っても，「こんなに勉強しました！」と自信を持って思うことは全くなく，多分一番勉強をしていないなと感じています。ですから，職

場では,やはり"私の考えるレール作り"をしてしまったり,学生時代から半世紀(?)近く身についてしまっている"問題解決技法"的処理方法となってしまい,反省しながらの日々を繰り返し繰り返し,してしまっています。まだまだ修行中です。

 役所での私の仕事は主に相談です。相談方法は,来所や電話などで,対象も高齢の御本人,その御家族,あるいは地域の方,知人など様々な方が相談者となられます。その方々がなんのために,ここの相談場所をノックしてくださるのか。それが当然ながら一番大事だと思っています。けれど案外,相談者御自身も相談内容が曖昧だったり分からなかったり,話をしているうちに変わってしまうこともあります。

 SFAに出会ってから,私は,出会いのきっかけを大事に,また気をつけることを学びました。「どんなご相談で? 私ができることはなんですか?」など,以前は,かなり,前のめりになって聞いていた態度が,ひと呼吸おいて相手の相談事を聞けるようになりました。それは自分にとって大きな変化です。"何とかしなくちゃ!"ではなく,当事者が解決を作っていく手伝いだということで,気負いが少なくなったことでした。

 また,長時間での相談では「今このことでのご相談でよろしかったですよね」などと再度確認する方法も学びました。相談内容が,窓口や電話では済まないときは,自宅訪問もあります。自宅訪問は結構多いです。そんな時は,ご自宅の様子や室内に飾られている写真や趣味の置物,庭の様子やペットなどから,リソース探しもできるので都合が良いことが多いです。保健師はどんな相談者よりも,お得なチャンスをいただけます。ありがたいことです。

 最近は,「家族の誰かが認知症で」という相談事がよくあります。"認知症"で,だからどんなことがお困りなのですか? 何をお知りになりたいか。同じ"認知症"という課題でも当然家族により求められる支援内容は違い,1回の面談で解決できるわけはありません。

 また,当然なのかもしれませんが,あまりご本人から相談を受けることはありません。「あの私どうも,最近忘れっぽくなり認知症かなと思うのですが,どこか調べてもらえる医療機関を教えてください」と言ったような相談はほとんどないです。

相談の多くはやはり御家族，時には近隣の方々や地元での見守り活動をされていらっしゃる方もあり，長年のおつきあいの中で，御本人の変化に気づかれ，不安を抱かれ，途方にくれてしまわれ相談されます。相談にたどり着くまでの努力や決心を，まずはコンプリメントし，安心してもらうことを考えます。ようやく言葉に出して話されることだけでも感極まってしまわれる方もいらっしゃり，一人で悩まれていたと思われる道程が想像できます。

　以前の私は，専門的な情報や制度を知っていることで，それらをすぐに提示してしまったり，何とか結びつけようとしていたように思えます。相談者，特に家族の方はプロブレムトークになって長い時間話したいこともあるので，なるべく気の済むように話していただくようにと思っています。その中にもリソースが隠れていることも多いです。その方の思いは一体何か，一緒に探せたらと思います。

　ただ一番の困り事の多くは，相談者と御本人の日常生活での認識や困り事，今後の生活のあり方などが共通ではないことです。その違いは当然のことと思います。けれどご本人も誰にも相談できなくておられるのかもと思います。ご本人の病気に対する認識や心理をわかることは本当に難しいと感じます。

　当然ながら，まずはご本人に会いに伺う計画を相談者と共に考えていく。御本人が緊張せずに拒否せずに会っていただけるように作戦を立てて実行。実行できたらご本人の話を伺う，知らない姿勢で。そう，すぐに前に進むことはないのですが，再度訪問させていただくことが笑顔で了解いただければ，一歩進めたかなと思います。

　"認知症"という病気を持たれたその方の生活の変化は，皆それぞれ違いますが，そのことで，個人や取り巻く家族，そこから繋がる新しい関係が作られる。変化があるからこそ見えていくことや思いもよらないことに気づくことがある。

　繋がって継続して見守る状況が，例えばケアマネジャーさんが担っていただくことになれば，円滑な関係作りを進められるお手伝いができればと思います。

　とはいえ，やはりいつも上手くいくわけはありません。それぞれの形

は，それぞれのメンバーによって，形作られ変化をしながら獲得されていくものなんだと思います。

"認知症"に限らず，相談一般について，"なるようになる"と考えるようになりました。こんなことを相談窓口として結論づけるのは失礼かもしれませんが，相談者こそが御自分らしい解決できる力を持っていらっしゃることを強く感じています。

たまたま，縁があって出会った相談者その方が，"話をする"という行為で，自身の心境を整理し，一歩踏みだし，自らが"大丈夫！"とコンプリメントされるよう，"話を聴く"学びをSFAを通してこれからも考えていきたいと思います。

(八木明美)

第6章

例外って簡単に見つかるの？（例外探し）

〈例外って？〉

　SFA 面接の始まりは「例外」に注目することから始まったようです。スティーヴは「物事には必ず例外がある」と言っています[23]。SFA で注目する例外は「問題が起こっていない時，あっても軽い時」です。より詳しくいうと「クライエントの生活の中で，当然問題が起こるはずなのに起こらなかった状況，それほど深刻でなかった状況」[24] を指します。それはいわば一時的に解決していた状態なので，「解決のカケラ」とも呼ばれます。その時の状況，その直前に何があったか，誰が何をしていたかを探ることが解決構築の手がかりになります。だから「例外」は「リソース」なのです。

　でも時々「例外を探すにはどうしたらいいですか？」と聞かれたり，例外の質問が難しいと言われたりすることがあります。例外は必ずあるんです。どんな仲の悪い夫婦でも，24 時間ケンカしている訳ではないでしょう。どんなに動きの激しい子どもでもじっとしている時はあります。公式な質問としては「あなたの生活の中で，その問題が起こりそうで起きなかったり，起こるはずなのに起きなかったり，あるいは起こってもそれほど深刻でなかった時はありますか？」と聞きなさいということですが，そう言われても……という方も多いでしょう。次の例をご覧ください。

〈どんな時にも例外はある〉

　ある相談センターで，家庭内暴力の相談を受けていたことがあり

---

[23] 「解決の鍵」スティーヴ・ディ・シェイザー著，小野直広訳　1994　誠信書房
[24] 前出「解決のための面接技法」第 3 版 pp.29-30　第 4 版 pp.15-16

第6章 例外って簡単に見つかるの？（例外探し）

ます。相談にいらっしゃる保護者の方の切迫した問題は子どもからの暴力です。まず，「どのようなご相談で？」と聞くと，お子さんがいつも暴力を振るので困り果てていると訴え，「どうしてこうなったんでしょう？　私たちの育て方がいけなかったんでしょうか？」などと尋ねられます。大変な状況をわかってもらいたい，なんとかしてほしいという気持ちが伝わってきます。

　もちろんこういう時，いくらSFA的なやり方だからといって，「問題，原因と解決は関係ない」ということで，話を聴かずに，いきなり「家庭内暴力がなくなったとしたらどんな生活になっていますか？」と聞いたりはしません。そんなことをすれば，「何言ってんだろこの人は？　暴力がおさまらないから相談に来ているのに私の話を聴いてもくれない！」となってしまいます。

　なので，当然，まずは真剣に相談者の訴えを聞きます。ただ，聞くときにこちらの頭の中にあるのは，「問題は何か？」とか「原因は何なんだ？」ということではなく，第1章で述べた「解決イメージ探し」なのです。家庭内暴力の相談に来られた保護者の方の場合，だいたいは以下のように相談が展開します。

　まず一通り，子どもがいつも暴れるという話をお聞きして，話題が一段落したと思ったら，「ところで，一番最近，暴れたのはいつですか？」と聞きます（実はこれが，「例外」を聞く質問の導入に，もうなっているのです）。保護者の方から，「一昨日です」「1週間前です」などの答えがあります。それに対して「では，それから今日までは暴れていないのですね？」とお聞きします。すると，多くの保護者の方は，きょとんとした表情をされます。家庭内暴力の相談では，多くの保護者の方は「いつも暴れている」と訴えられますが，改めてよ～く確かめてみると実際は，暴れていない時が多くあります。「今朝です」「今，ここに来る直前です」とかいう答えもありますが，その場合は「その前に暴力を振るったのはいつですか？」と聞きます。いくら「いつも暴れる」子どもでも，24時間暴力を振るうことは不可能です。ほとんどの場合，数日とか場合によっては，数週間，数カ月暴力がない期間があります。

解決志向リハーサルブック

　その後の相談では，暴れていない（例外の）状況を丁寧にお聞きして，そのような状況をどうやって作るか，続けるかを，保護者の方と一緒に考え，工夫していきます。やってみて上手くいくと，保護者の方は子どもへの対応に自信を持ちはじめ，それに伴って子どもの暴力も減少し，「どうして暴れるようになったのか？」という原因についての疑問もどこかへ行ってしまって相談が終わります。こんな風に相談が展開した場合，「原因」が何かを追及することはありません。

　いかがでしょう。「例外を聞く質問」がどんな風に役に立つのかイメージしていただけたでしょうか。この質問は，考え方自体は非常にシンプルで，いつもあることの例外を聞けばいい，ただそれだけなのです。難しいのはむしろ，聞き方よりも，「ん？　ここには例外があるんじゃなかろうか……」とセラピストが気づくことです。そのためには第5章で説明した「第三の耳」を育て，例外を含む，クライエントのポジティヴな変化を，微細なものも見落とさずに感知する力が求められます。

〈例外に気づきやすくなる考え方〉

　あなたがセラピストとして"クライエントに役立つ例外"に気付きやすくなるために，SFAにおける例外の捉え方をまず知っておいてください。この原則を知るだけで，例外の感知率がきっと向上するように思います。下の図をご覧下さい。これは，家庭内暴力や依存症者の飲酒など"問題を繰り返す"タイプのクライエントにつ

図5

いて，時間軸にそって問題の再発を表わした図です。

　家族であれ支援者であれ，大変な状況に実際に何度も付き合っている人であればあるほど，問題が発生した時の苦労を知っています。ですから，図の下の部分（＝問題が発生している谷間）に注目してしまい，それしか考えられなくなっていても決して不思議ではありません。

　ただ，ここでよく考えて見ましょう。問題が再発した，ということは，どういうことでしょうか？　一時は問題のない安定した時期が，少しでもあったからこそ"再発"になるのではないでしょうか（＝安定している山または高原の部分）。そう思って図をよく見ると，谷底から山へ向かって，上に上がっていく矢印の部分には，状況が改善していくような何らかのファクターが探せるかもしれません。また，山が高原状になっている，横の矢印の部分には，いい状態を維持するような何かがあり得るでしょう。「でも，それってただの偶然かもしれないじゃない？」――それはそうです。偶然の例外は，生きていれば大なり小なりあります。ただ，ここで論理的必然として帰結することは，再発を繰り返すクライエントの場合こそ，例外が間違いなくあるということです。依存症治療の臨床に取り組んでいる方ならば，再発が改善途上の一里塚であることをご存知ですよね。

　このようにSFAでは，「変化はたえず起こっており必然である」と考えます。「じゃあ，何年もひきこもってるだけの人の場合はどうなんだ，変化なんかないじゃないか」という反論には，それは観察が足りないからと答えるでしょう。一見変化が皆無に見えるような状況にも，よく観察すれば変化はあります。たとえば，もし20年ひきこもっている人の心の中を観察することができれば，焦り，怒り，悲しみ，諦め，安堵，希望などさまざまな感情が嵐のように巻き起こっていることがわかるはずです。経験上，大変な長期間の引きこもり生活から脱して，今は働いている人を何人も知っていますが，彼らの話を聞く限り，「変化は必然」という考え方に深く賛同できます。そうでなくて，どうして社会参加できるようにな

れたのでしょうか。「変化は必然」ということを単なる臨床的事実という風に流さないでください。我々のクライエントは人間なのですから，微細な変化は必ずあり，それに伴って例外も必ずあるのです。例外がないように見える状況とは，それがなかなか見つけ出しにくいというセラピスト側の事情があるに過ぎません。

　というわけで，一緒に例外を探しに行きましょう。

〈ワーク〉 6-1　例外を探し，その状況をていねいに聞く（初心）

【グループワーク】

　全員参加のロール・プレイで行うワーク。クライエント役以外の全員が，セラピスト・チームになって，一丸となって例外探しを練習する。

① まず，困っている相談者を演じるクライエント役を選ぶ。できれば今，対応に困っているケースを持っている人が，クライエント役になるとよい。

② 次に，セラピスト役を選ぶが，初心者でかまわない。このワークでのセラピスト役は，あくまでセラピスト集団の代表に過ぎないので，比較的楽にできるはず。

③ ロールの一番初めに，セラピスト役は「私がセラピスト・チームの代表です」とクライエントに自己紹介する。そして，ギャラリー全体が「あなた（クライエント役）を助けるために頑張るセラピスト・チームです，よろしく」とみんなで自己紹介するといいだろう。

④ 相談を始める。

　　クライエント役：普通に相談する。
　　セラピスト役　：普通に困っていることの概要がわかるくらいまで聞く。

⑤ ストップをかけて，セラピストはギャラリー（セラピスト・チーム）と相談。例外があるかもしれない場所を何点か皆で探し出

し，リストアップする。
⑥　ロール再開。セラピストはセラピスト・チームの作成したリストに沿って例外を聞いていく。クライエントの答えはいろいろだろう。ごくごくまれに，たま〜に，ちょっとくらいは，時々は，そういえば奇跡的に一度だけ，全くダメ，など例外の頻度をリストに書き加える（実際の面接ではこうはいかないが，ワークなので，クライエントにガマンして協力してもらおう）。
⑦　もう一度ストップをかけて，わずかでも例外のあった所の中から，クライエントにとって脈のありそうなところを1カ所選ぶ。そして次の手順で，例外とその状況をていねいに聞いていく。
〔例外を聞く手順〕（アン・ルッツ[25]から引用改変）
　ア　（その例外は）どう違いましたか？
　イ　それはあなたの助けになりましたか？
　ウ　どのような助けになりましたか？
　エ　（その例外が起こるよう）どうやってやったんですか？
　　　（そのやり方がクライエントには「わからない」場合でも，わからないなりに，どんなちょっとした工夫や行動，あるいは偶然から例外が起こったと思うか，を聞く）
　オ　他に何をしましたか？（←エとオは，クライエントの答えが出なくなるまで繰り返す）
⑧　ロールを終えてみんなで感想をシェアする。

解説と注意

　いかがでしたか？　例外が見つかってうまく解決に結びついた場合も，そうでない場合もあったと思います。成功失敗は気にする必要はありません。どちらの場合でも，大切なのは最後のシェアリングでの話し合いです。特に，クライエントの立場で，どういう問いが役に立ったか，あまり役立たなかったのはどれか，などは大事な話題なので，必ず取り扱います。

---

[25]　アン・ルッツWS（ソリューションランド主催　2014.11.22-23）より

ただし,ここでも大事なのは,「正しい／間違った」ではなく,どの例外を聞き出す質問がわりと「うまく行ったか／うまく行かなかったか」という捉え方です。感想や見解は参加者各自が違っていても良いのです。全体に多様な感想や意見が出ることをより大事にして,一つひとつの意見をみんなで味わい,シェアしてください。

〈例外の周りに何があるか？〉

例外について詳しく聞くための,ちょっとしたコツがあります。図6を見てください。1つの「例外」の周りを事実・認知・感情3つの領域と,時間軸で3分割すると9つのスペースができます。それらを埋めるように考えて行くと,たくさんの質問が思い浮かびますね。ワーク6-1の延長として,ある程度経験のある人たちと次のワークをやってみてください。

上級者の場合はさらに,これに「関係性の質問」(第9章参照)を掛け合わせ,家族,職場の人,友人など周りの人との関係の中での状況を聞くこともできます(計算上は27以上の領域になりますが,それらを全部埋めろとは言いません)。

〈ワーク〉 6-2 例外の周りを根掘り葉掘りしつこく聞く (中・上級)

【グループワーク】

① 〜④ 〈ワーク〉6-1と同じ
⑤ もう一度ストップをかけて,脈のありそうなところを1カ所選び,根掘り葉掘り聞くための質問を皆で考える。例外の周囲に関するあらゆる質問を考えること。たとえばギャラリーの全員が1人3問ずつ,小さな紙に書いてセラピストに渡そう。

例外が起きる前,その時,後,について,事実・認知・感情,と白板にマス目を書いておき,埋めてゆくのもよい。その他アイデアで,たくさん質問を出そう。もちろん,ワーク6-1の〔例外を聞く手順〕を参考にするのはOKだが,ここでは積極的に「例

第6章 例外って簡単に見つかるの？（例外探し）

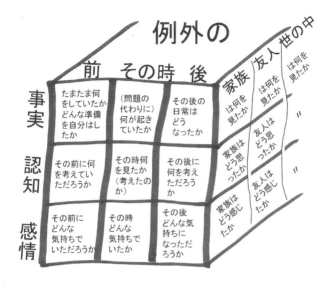

図6

外が起きた過去・現在・未来の時に，クライエントの生活や日常がどのように変化していくのか」を，いろいろな問いで再構成してみよう。上級者はこれに関係性の質問を加えてもよい。
⑥ ロールに戻って，セラピスト・チームの作った質問を一通り（つまり，根掘り葉掘り）聞いていく。関係あるもの，ないもの，意外な反応のあるもの，意外に反応のないものなどなど。
⑦ ロールを終えて皆で感想をシェアする。クライエントの立場でどういう問いが役に立ったか，あまり役立たなかったのはどれか，などは大事な話題なので，必ず取り扱おう。以下，ワーク6-1と同じ。

解説と注意

いかがでしたか。例外一つからでも，クライエントの状況に合ってさえいれば，いろいろな方向にイメージを膨らませることが可能

なのです。それを少しでも体験していただければと思います。同時に，そのためにはセラピスト側のいろいろな工夫が必要だということもわかっていただけるのではないかと思います。

最後に，あくまで念のため申し上げますが，SFAでいう「例外」とは，クライエントにとって役に立つ（ポジティヴな）もののことです。ネガティヴな例外——いつも頑張って成功している人に，「たまには失敗するときもあるんでしょう？」など——を聞き出すものではありません。まあ，実際にはそんな成功ばかりしている人が，悩んで相談に来るというのは考えにくいことですが。

また，どちらのワークの場合も，もしも例外が全く出て来ず，クライエントの答えが「すべてダメ」だった場合は，⑤でコーピング・クエスチョン「どうやって何とか持ちこたえているのか」「どうやって，それ以上悪くならないようにしているのか」に切り替えましょう。

【一人ワーク】 例外探し

自分が今悩んでいる問題を一つ選んでください。自分の問題，家族の問題，クライエントとの対応，困った生徒さん，なんでもいいでしょう。それについて，誰かに説明するつもりで，少し詳しく描写してみます。愚痴をこぼす感じでいいでしょう。

次にその問題が起こりそうで起こらなかった時，軽く済んだ時がないか考えます。どうしても見つからなければワークはできませんね。何とか見つけるか，見つかりそうな問題に切り替えて続けましょう（それでもどうしても見つからなければ？……自分にコーピング・クエスチョンをして，「それなのによくやってますね」と慰めてください）。

それから，ワーク6-1にならって自分に質問し，答を紙に書いて行きます。

　ア　（その例外は）どう違いましたか？
　イ　それはあなたの助けになりましたか？
　ウ　どのような助けになりましたか？

エ　その例外が起こるよう）どうやってやったんですか？
　　（どんなちょっとした工夫や行動があったか？　全くの偶然と言い切れるか？）
オ　他に何をしましたか？（その他に？　他に？……無くなるまで）

　さて，いかがでしたか？　一人では「文殊の知恵」は出ないので難しいかもしれませんが，例外が見つかりさえすれば，その時の状況をどうやったら再現できるか，何か手立てが見つかったのではないでしょうか？　次にその問題が起こりそうになった時に，やってみることを思いつきましたか？

〈第6章のまとめ〉――――――――――――――――――――
・「例外」から解決が見つかる。
・例外は必ず起こっている。
・例外を探すコツは：
　①　ここには例外はないと，決め付けない！（クライエントに聞いてみないと分からない）
　②　「たま〜に」「まれ〜に」で聞いてみよう！（例外は，ゴロゴロ転がってるはずがない）
　③　周りを深く掘ってみよう！（根堀り葉堀りは，問題を聞くためではなく，リソース探しのため）

〈コラム　実践編〉

精神科臨床で応用するソリューション

　精神科の医師をやっているとどうしても，俗に言う"飛び道具"（クスリ）の使い手であることが，周囲からも求められるし，だらだら面接しているよりもクスリの方が早いから，そちらの工夫をまず優先という事態に陥りがちな側面がある。たしかに実際，ある領域では間違いなく，薬物の選択と調整でより早く患者さんを楽にすることがあるのは事実だ。私の場合たま～にだが，薬の変更がうまくはまって，みるみる症状が改善する場面に出会った時は，「いやぁ，このクスリを作った人達ってすごいな～」と感じることがある（なにせ，ま，自分は処方しただけなので……。それに，服用する努力は患者さんがしているのだし）。

　でも，そういう事態は決して多くはない。なぜって，精神障碍の多くは，症状が取れればそれでいいということはほとんどなく，病気の後遺症で落ちてしまった機能を，じっくりとリハビリテーションその他で，持ち上げて行かねばならないからだ。地味な積み重ねが一番大切なのだ。ご本人も，周りも，専門家も。

　もちろん，障碍を持って生きることそれ自体がまず，さまざまなドラマ性を持つ決して楽なプロセスではないのだが，いろいろな障碍の中で精神障碍特有の苦労というのも，やはりある。脳の働きのアンバランスさや機能低下がその大元にあるがゆえに，外からパッと見ではわからない障碍なのだ。だから，まず周囲が理解できない（しにくい）し，本人も正確には把握しにくい。さらに，わからなさゆえの強烈な無理解に囲まれているという意味では，歴史的に見て今でも最も社会的に不利な障碍の一つではないだろうか。

　したがって，治療の過程や人生の場面で大小様々な困難に出会うのだが，これが医者の側の狭義の苦労――クスリなどの治療の選択や方向性＝これが仕事なのだから，医者がして当然の苦労であるが――に重なって，言い方は悪いが実にさまざまな問題がぐじゃぐじゃになって襲って

〈コラム　実践編〉精神科臨床で応用するソリューション

くる。だから，まず家族も大変だし治療者側も混乱しないと言えば嘘になる。もちろん一番つらいのはご本人だが。

　今思えば，このような難しい臨床場面に，自分は徒手空拳で立ち向かっていたのだなと思う。いや，もうちょっと正確に云うと，手が空っぽだったということはさすがになく，たとえ劣等生でも医学部を一応出てはいるのだから，何かは習ってはいたのだし，先輩から教わったこともいろいろあったことはあった。しかし，病気の知識，クスリの知識，面接の方法など学んでも，長い間苦しい臨床が続いていたと思う。突破口は，「クライエントの話を全部聞かなくても大丈夫」（←この記述は全く正確ではなく，あえて私の脳内で妄想的に変換されたフレーズを用いている）と書いてあった，ド・シェイザー著の「短期療法——解決の鍵」であった。一日中外来の診察室に閉じ込められ，解決困難な課題と格闘する患者さんや家族の悩みを聞くだけは聞いて，結果何もできないでいた自分には，「うっそ〜！話を聞かないでいいなんて，そんなことあるの？」と信じられない驚きと疑いと，でも「そんなやり方，あるなら知りたい！」と，目は星とハートマークの点滅になったのだと思われる。（初学者のために誤解ないよう付け加えると，やはり話はちゃんと聞かないとダメです。でも，全部をとことん聞くってそもそも不可能ということでもあります。あとは，ソリューションを勉強してくださいね。）

　その後時間をかけて，自分の苦労の仕方そのものが間違っていた，いや，同じ苦労するにしても方向性を根本的に変えないといけない，ということがまずは理解できるようになっていった。要は問題志向から解決構築への転換と，言葉で言えばそれだけなのだが，すでに付いている癖を変えるのはそう簡単ではない。やがて，少しはソリューションを実践できるようになるまで数年を要したと思うが，その後の臨床はずいぶん楽になっていった。ただ自分が楽になっただけでなく，患者さんや家族に喜ばれる確率も，並行して徐々に上がったのではないかと思っている。その具体的な考え方や練習の仕方を，いろいろな本やワークショップから盗んで歩いたわけだが，本書ではいくらか身についた分を勉強会の皆さんと協力してまとめてある。

　で，つまるところ，ソリューションという考え方は，それぞれの現場

でどう工夫するかという応用であり実践だ。取り組む現場によってさまざまな工夫が求められ、そこにオリジナリティも自ずと現れる。が、原則は大きくは変わらない。私は現在、精神科デイケアを運営する仕事、社会的ひきこもりの相談に乗ったりスーパーバイズする仕事、彼らの外来・往診などの診療行為、高次脳機能障害者の生活相談やリハビリの組み立て、地域移行などに関する専門職研修の企画構成や講師、それと精神障碍者ピア・サポーターの養成などに関わっている。字数がないのでここでは詳細を書かないが、そのすべてにソリューションの考え方を応用している。

　その中でも、ピア・サポーター養成の仕事との出会いは、私を大きく揺さぶったように感じている。それまでは、良くも悪くも"患者さんと治療者"として出会うことしかなかった精神障碍の方々と、一緒に学び協力して仕事をするという回路で出会ったのだ。当時リカバリーという外来の概念を輸入して、少し理解した気になっていても（それはそれで良いことだが）、実感の伴うより深みのある理解に達してはいなかったと思う（今も完成したわけではない）。ただ、人と人として普通に出会えたことで、ピア・サポーターの方たちの人間的な実力も魅力も、目を閉じようとしてさえ見えてくるほど、はっきり感じられるようになったのだった。そのことがわかっただけでも浅学の私には大きな前進だし、だからこそもっと前に進むその方向性と伸びしろを感じ取ることができた。

　で、ここからが本題なのだが（長い長い前置きでスミマセン）、このような体験から逆に、昔々の私の疑問を改めて思い出している。それは、「幻覚妄想状態が再燃して、いわゆる急性期状態に陥った患者さんに出会った時、ソリューションが使えるのか？」という問いだった。もういつだったか忘れたが、日本で行われたインスーのワークショップでこの質問をして、誘われるままロールプレイをしたことを覚えている。正確な記録がなく、記憶による再現（したがって私の脚色が入ってしまうだろうが）を以下にしてみようと思う。私（CI）は、その患者さんのロールを演じた。Thはインスー（正確には私の記憶で脚色された）である。

〈コラム　実践編〉精神科臨床で応用するソリューション

Cl（いろいろ状態の悪い患者さんが訴えるようなことを述べた後に）「だからもうクスリも飲みたくないし，入院なんかしたくないんですよ！」
Th「あなたはそう思っているのね，わかったわ。……でも，前にあなたがうまくやったのを覚えているわ」
Cl「え？……」
Th「前にもこんな風にあなたがつらそうにしていた時があったわね，あの時あなたはちょっとだけ入院して，元気になって復帰したと思うんだけど，あの時はどうしてそういう選択をしたの？」
Cl「？？そうでしたっけ？」
Th「たしか，あの時そういう判断になったあなたは，どんな考えを持っていたの？」
Cl「…………」

　短いロールを閉じた後，インスーはこう解説したように（うろ）覚えしている。「Clの判断を尊重しなければならないのは当然だけれど，そうであればなおさら，Clが適切な判断ができる可能性が残っていると仮定して，前にできたことや例外を提示して一緒に考えてもらうというのも，あっていいかも」，「ただ，脳の中でケミカルな変化が起こっている場合，それは別な話」なので，結局はケース・バイ・ケースとしか言えないだろう，ということであったように思う。

　この時私は，ちょっとキツネに抓まれたような，不思議な発見と混乱の感覚に自分が陥ったのをはっきり覚えている。インスーのロールは，これでうまく行くという方法の提示ではない。だが，Clの思いや判断を否定することなく，しかし，一人の（別人格の）人間として，Clに寄り添いながらも選択肢を提示し，考える幅あるいは可能性を広げようとしている。正直，これで説得されるという気もしなかったが，「そうか，そんなこともあったんだな」くらいの思いと，Thは「良かれと思って言ってくれているのかも」という感覚は，一瞬ロールの中で持てたかもしれなかった。この時私が感じたことは，その後様々に精神科治療のことを考えていくヒントになった。

この分野では、世界的な潮流として、精神科の病気が悪い時の強制的な治療という考え方を、法的に、社会的に、人間的に、医学的にどう判断すべきかの議論が続けられている。病院は要らないという考えから、その真逆の考え方まで、実際には国や地域によって、政治経済状況も含めてかなり異なる現実がある。そんな状況だから、私自身、たった一人だけで明快な解答が得られたわけでは、当然ながら今でもない（そんなことはあり得ない）。だが、現実の診療場面で、患者さんの思いを最大限尊重することと、命の危険を防ぐこととの判断が、難しく交錯する瞬間があるのは、精神科医ならば必ず経験することだと思う。

　さて、決して解答ではないのだが、ひとつの議論の、また実践的判断の手がかりとして、以下のような模式図を提示してみたい。これは、『コンコーダンス』[26]という本の中で、病状・関係性・意思決定を治療者と当事者の間でどう考えたら良いかを提示した図を、私なりに改変したものである（図7）。

　図の太い矢印の右が回復期、左に行くと急性期を意味している。グラフの破線（黒）は治療者側の判断する権利、実線（白）は当事者側のそれである。病気が回復期の場合や、急性期であっても例外的な状況でなければ、当事者側の判断を最大限尊重する原則は貫かれる。ただし、残念ながら例外的な状況があり得る。最たるものは意識障害である。脳外傷、脳血管障害などで意識が曇っている時、本人の判断だけにたよっていては生命の危険があり、この場合は例外的に治療者の判断が優先される。より難しいのは、幻覚妄想状態や極度の躁状態で、症状の程度によっては意識障害に準ずる判断が求められる。ただ、「じゃあ誰がその症状の程度を判定するのか？」とか、「アドボケート（代弁）する人が必要だと思うが、その制度やシステムはどう確保するのか」とか、実用的かつ真剣に考えると議論百出になる話に違いない。

　ここでそれらの議論を整理することはできないし、私にその力量があるとも思えない。ただ、どうしてこのような模式図を提示したかと言うと、いくつか理由がある。精神科臨床においては、患者さんの状態が変

---

[26]「コンコーダンス　患者の気持ちに寄り添うためのスキル21」安保寛明・武藤教志　2010　医学書院

〈コラム　実践編〉精神科臨床で応用するソリューション

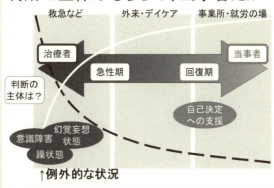

図7

化することは（極端に言うと）常にあり得るということ。だから，良い状態で安定することが最も大切だし，それを目標にして行くので良いだろうが，それでも専門家として例外的な状況があることを知っておくべきであること。その場合には，通常とは別な判断を導入しなければならないこと。そして，これらを整理して頭の中に置いておくための道具が欲しいと（私が）思っていたこと，などである。

　稚拙な議論かもしれない。もっと参考になる議論があれば，ぜひ知りたいので教えてほしい。精神科医は診療の中で，いつもいつもこのことで悩んでいるわけではないけれども，当事者の権利を最大限に活かすことを考えるからこそ，あえて様々な場面を想定してみた。最後にこの本のコラムとして言いたいことは，ソリューション的にであれ何であれ，本人の意思や気持ちを優先しながら治療していくことが，実は最も矢印の右へ（つまり回復期の維持へ）つながる方法なのではないか，ということだ。日常の診療には，強制という考え方はなじむはずがない。ソリューションが身についていると，そういうことをしないでも協力関係がちゃんと作れるので，もっと多くの精神科医に学んでもらえればと個人的には思っている。

（阿部幸弘）

第7章

どんな質問をすれば良いのですか？

(オープン？　クローズド？　スケーリング？)

〈質問の重要性〉

　SFA の技法の中で，質問はとても大切な地位を占めています。面接の流れを左右するのは質問です。面接をそろそろ終わりにできるかなと思うころになってクライエントが抱えていた大きな問題が現われて，どうしてそれをもっと早く言わなかったのか聞くと「質問されなかったので」と言われたことがありました。クライエントが質問を待っている時もあるのです。

　ずっと昔，カウンセリングの勉強を始めた頃の私はひたすら傾聴，受容と共感が大切と思い込み，質問することも悪いような感じを持っていました。今ではそんな誤解をしている人はいないと思いますが。質問攻めも良くありませんが，質問しないで面接を行うことはおそらく不可能でしょう。よい質問はクライエントから情報をもらえるだけでなく，クライエントが考えたり何かに気づいたりするキッカケも作ります。

　どんな質問が良い質問か，について，SFA ではかなり明確に示しています。ワークに入る前にいくつかのポイントをまとめておきましょう。

〈オープン・クエスチョンとクローズド・クエスチョン〉

　質問はオープンとクローズドの2種類にわけることができます。

　クローズド・クエスチョンはイエスかノーで答えられる質問です。日常会話ではこちらの方が多いかもしれません。「ご飯食べる？」「これ好き？」「愛してる？」このような質問に対する答えはイエスとノーしかありません。時にはほとんどイエスという答えを強制されているような場合もあります。例えば「勉強する気がある

第7章　どんな質問をすれば良いのですか？（オープン？　クローズド？　スケーリング？）

の？」「もう盗みをしないと約束するか？」……などです。子どもの問題で相談に行ったお母さんが，「お子さんを愛していますか？」と専門家に聞かれて傷ついたという話を聞きました。傷つける意図はなかったのでしょうが，「子どもの問題行動は親の愛情不足が原因です」と言いたい意図をありありと感じてしまったそうです。いずれにせよクローズド・クエスチョンは聞く側が何らかの仮説を持っていてそれを確かめる質問なので，新しい情報を得ることはあまりできません。

　一方，「最近勉強が手につかないようだけれど，何か理由があるの？」「お子さんを叩いてしまった時，何があったのですか？」「また盗みをしたくなったらどうするつもり？」と聞かれたらどうでしょうか？　イエス，ノーで答えられないので，クライエントは自ら考え，いろいろな思いや状況について語ることができます。セラピスト側も豊富な情報が得られます。これがオープン・クエスチョンです。SFAでは「知らない姿勢」で好奇心を持って話を聴くのだと，第3章で書きました。そうなると，当然オープン・クエスチョンが多くなるはずです。

　オープン・クエスチョンはまた4W1Hの質問とも呼ばれます。「何が（What），誰（Who），いつ（When），どこで（Where），どうやって（How）」です。

　文法的には5W1HとしてWhy（なぜ）が入りますが，「なぜ，どうして？」は詰問になりやすいので避けた方が良いとされます。

　　例：母「どうして勉強しないの？」
　　　　子「だって……」
　　　　母「言い訳しないでさっさとやりなさい！」
　　　（……ネッ？）

　そうとわかっていてもついついクローズド・クエスチョンが多くなりがちです。初心者のロールプレイなどではクローズドが多用されるのをよく見かけます。「知らない姿勢」（「私はあなたのことを何も知らないので教えてください」）が大切とわかっていても，そ

れが身について習慣となるには時間がかかります。意識していなくてもすぐ自分の考えで仮説を持ってしまうのが人間の本性なのかもしれません。仮説を立てる前にもっとよく知りたいという「好奇心」を持ち、たくさんの情報を収集するように、と強調する必要があります。

そのための特別のワークという訳ではありませんが、小さな悩み相談などのロール・プレイを小集団で行う時、グループごとに経験者が張り付いて気になったところでストップをかけ、「そこをオープン・クエスチョンチョンでやったらどうなるかな？」と質問をやり直してもらうことが効果的です。

クローズド・クエスチョンが悪い質問ということではありません。初めのうちはなるべくオープン・クエスチョンを用い、ある程度情報が集まってから要約を兼ねて最後の確かめをクローズド・クエスチョンで行うのが効果的なやり方でしょう。

 例 Th：（たくさん話を聞いた後のまとめとして）お子さんに登校を強制するつもりはないけれど、このままでは将来が心配で、どうしてあげたらよいのか迷っていらっしゃるのですね？

  Cl：そう、そうなんです。

〈「ひろげる」と「深める」〉

質問には2つの方向があります。広く浅くできるだけたくさんの情報を集める「広げる」と、一点についてより詳しく聞いてゆく「深める」の2つです。

「広げる」質問の代表選手は「ほかに？」です。リソース探しの時にこれは最も大切で、一つの答えに満足せず「ほかにありますか？」と聞き続ければたくさんのリソースが見つけられるでしょう。クライエントが言えないでいることも「ほかにおっしゃりたいことは？」と聞けば話しやすくなるかもしれません。これを空間的に広げる質問とすれば、時間的に広げる質問は「それから？」「そして？」「そうすると？」でしょう。

第7章　どんな質問をすれば良いのですか？（オープン？　クローズド？　スケーリング？）

「深める」質問は「～についてもう少し詳しく話していただけますか？」「どんなことからそうお思いになったのですか？」などこれが重要だと思った時に使います。一般的にはまず「広げる」質問で多くの情報を得てから，目当てを絞って深めていくのですが，面接の流れの中でどう使い分けるかは一言では言えません。しかし少なくとも今自分がどっちの質問をしているのかを意識するだけでも助けになるでしょう。

〈何について好奇心をもつか？〉

次に何について質問するかも重要です。問題について根掘り葉掘り聞いてゆくとどんどんプロブレム・トークになり，解決から遠ざかっていきます。それよりも「どうなればいいのか，どうなりたいのか，問題が解決したらどんな状態になっていると思うか」といった質問をしてゆくと，クライエントは解決について考え始め，自身の解決像に近づけるでしょう。とは言っても問題について聞いてはいけないということではありませんし，クライエントが問題について話したい時はしっかりと傾聴します。しかし問題についてどんどん深く掘り下げる質問はしません。SFA面接に慣れてくるとそもそも問題やその原因に対してあまり好奇心を持たなくなるのです。それよりも「この人はどうなりたいのだろう？　どんなことを頑張っているのか？　どんなリソースを持っているのか？　この人にとって大切な人は誰か？」という方に関心が向き，それらについて質問したくなります。

〈その前のクライエントの答からキーワードを拾って質問を作る〉

第3章のワークTSTのところでも述べましたが，SFAの質問についての大きな原則がこれです。クライエントの言ったことを注意深く聞き，その中で大切だと思う言葉を拾って質問を作ると，相手も答えやすくスムースに進みます。もちろんどの言葉を拾うかによって流れの方向が変わってきますから，問題に関する言葉を拾わないように訓練が必要です。

次の例は特別良い面接ではありませんが，キーワードの拾い方を示してみます。

Cl：子育てで悩んでいます。
Th：子育てのどんなことですか？
Cl：3歳の息子が言うことをきいてくれなくてイライラするんです。……反抗期でしょうか？
Th：反抗期かなと思われるんですか？
Cl：本にそう書いてあったので。
Th：本を読んで勉強していらっしゃるんですね。どんな風に書いてありましたか？
Cl：成長の印だとか，4歳になると少しおさまるとか……でもやっぱりイライラするんです。
Th：しますよねえ。反抗期のお子さんには誰でもイライラすることがあります。でもそれを成長の印と理解していらっしゃるなんて素晴らしいです。
Cl：イライラはするんですが，子どもには子どもなりの考えや意思があるから，無理やり押さえつけてもうまく行きませんよね。
Th：おっしゃる通りです。よーくわかっていらっしゃる……。で，どんな風にしていらっしゃるんですか？
Cl：例えば……

この後このお母さんのしている工夫が次々と語られました。気持ちを受け止めなければ，と「イライラ」を先に拾っていたら違った展開になっていたでしょう。キーワード「反抗期」に注目することによって，クライエントのリソース（知識，努力，すでにやっていたこと）が見えてきました。コンプリメントの材料も見つかりました。イライラという感情も無視はせず，きちんと「ノーマライズ」します。この面接はこの後お母さんのすでにやっているいろいろな試みについてコンプリメントし，「一番効果があったのはどんなことですか？」とさらに詳しくお聞きしました。面接の最後には「私

のやりかたで良かったんですね。少し自信がもてました」と語られ、1回で終了しています。

その他、SFAには独特の優れた質問がたくさんあります。面白い質問やちょっとヘンな質問もあります。どれも役に立ちます。まずは、最もポピュラーで最も使いやすい、スケーリング・クエスチョンから始めましょう。

〈スケーリング・クエスチョン〉
　物事を数字に置き換えて考えてもらう質問です。そんなこと、SFAに限らずどこでもやっているじゃないか、100点満点の点数や、5段階、10段階評価などと当たり前に使っている、と言われそうです。その通り、誰でもやっていることなのでとっつきやすく、誰でもいつでも使える質問です。しかしちょっと待ってください。スケーリング・クエスチョンは点数化するだけではないのです。そのほかにたくさんの大切な質問がセットになっていて、そのなかに解決に結びつく仕掛けがしっかりと組み込まれているのです。初心者向けのAと、ややレベルを上げたBの2バージョンを示します。
　まずは簡単な方からやってみましょう。

〈ワーク〉 7-1　A．簡単なスケーリング・クエスチョン（入門，初心）

【グループワーク】
① 2人組を作る。1人はセラピスト役。もう1人はクライエント役。
② セラピスト役は次のように質問する。
　「今の精神状態というか、気分について数字で答えてください。『絶好調』とか『最高』を10として、『全然ダメ』『最低』を0としたら、今はいくつですか？」
③ クライエント役は思いついた数字を答える。

④ セラピスト役の次の質問は,クライエントの答えによって3通りになる。

ア 答え(仮にXとする)が0より上のとき:「どうしてX(具体的にクライエントの挙げた数字を言う)なのか教えてください」と聞く。たとえ1や2でも(0.1でも!)0ではないところに注目して,最低の状態に比べてプラスの部分,良い所,マシな所を聞く。「ほかには?」を使って答えをたくさん引き出す。

次に,「どうやってそこまで上げてきたのですか?」と聞く。

イ 答えが0の場合:「それ以上悪くならないために何をしていますか?」と聞く。

ウ マイナス,数字に表せないくらいひどいという場合:「それは大変ですね」と労ってから「どうやって今日ここに来られましたか? こうやって参加している力はどこから来るのですか?」と聞く。

⑤ その次の質問は「もしその数字がY(YはX+1の数字。必ず具体的数字を言う)になったら,今と何が違っていますか?」と聞く。続いて「その時あなたは何をしていますか? 今はしていないがYになったらできることは何ですか?」と聞く。「ほかに?」を使って,1つ上がった状態を詳細に聞いてゆく。

⑥ 役割交代。

⑦ 全体シェアリング:何人かに感想を発表してもらう。

〈ワーク〉 7-1 B.経験者向けの研修などで(初・中級)

【グループワーク】

① セラピスト役,クライエント役に,観察者を加えた3人組とするのが望ましい。

② 悩み相談のロールプレイに続けるか,はじめにクライエント役に悩みを一つ考えてもらった上で次のように質問する。「その悩

第7章 どんな質問をすれば良いのですか？（オープン？ クローズド？ スケーリング？）

みが一番ひどかった時を0，それが解決した状態を10と考えてみてください。今はいくつぐらいですか？」

③④⑤ A.と同様の質問をする。

⑥ 「いつ頃Y（X＋1）になれればいいですか？」「最終的にいくつまで上がればいいですか？」「そうなれる確率はどのくらいだと思いますか？」などと聞く。時間があれば，「あなたがY（その数字）になったことに最初に気づくのは誰ですか？ その人はあなたのどういうところからそれに気づくのでしょう？」などと聞くのも良い。

⑦ その後グループ内シェアリング，役割交代，全体シェアリングをする。

【一人ワーク】

バージョンAとBのどちらの設問でもできます。自分で答えの数字をまず書き止め，あとは質問の答えを順番に書いて行くだけです。

解説と注意

いかがでしたか？ 最近あちこちで使われているようなのでお馴染み感はあったかもしれませんが，きちんとやってみるといろいろな感想，発見があったのではないでしょうか？

スケーリング・クエスチョンの重要なポイントをいくつか挙げておきます。

1) まず何について測るのかを決めます。Aではワークとして手軽にできるように単純に「今の気分」としましたが，実際の面接ではBのようにクライエントの悩みに関連して大変だった時と解決した状態を比較することが多いです。その場合注意しておきたいのは「悩みや苦しみの深さ，大きさ」を測るのではないこと，あくまでもゴールである「解決」をイメージして，そこに向かってどの点まで来ているかが重要なのです。そのためSFAでは，原則としてできていない状態が0（または1），解決やゴー

ルの状態を 10 として，解決に向かって一歩一歩上がってゆくというイメージで捉えます。

Bの⑤にあったように，「悩み」についてのスケーリングの後「解決できる可能性はどの位と思いますか」など測る対象をちょっとずらして別のスケーリングをしたり，「誰が気づくか？」或いは「友達から見たらあなたはいくつだと言うでしょう？」「お子さんから見たら」などと後で述べる「関係性の質問」を使ってスケーリングすることもできます。

2) スケールの下限（0または1）と上限（通常は 10）の定義を決めます。下限は「今までで一番ひどかった時」のほかに，「面接の直前」「予約の電話をかける前」などが良く使われます。スティーヴはこちらを推奨しています[27]。こうすると，面接の効果（あるいは面接前の効果）によって，クライエントの状態が良くなっていることが多く，クライエント自身がそれに気づく助けにもなります。上限は「問題がすっかり解決した状態」とか，後に示すミラクル・クエスチョンの後ならば「奇跡の朝の状態」とすることもできます。一方，「最高でなくてもまあまあやっていける状態」を 10 とする方法もあり，これだと目標がより現実的になり，現在についての数字も少し上がることになるでしょう。

下限の数字については，スティーヴは0，インスーは1を多く用いています。数値として考えるなら0，段階と考えれば1となるのかもしれませんが，好きな方を使えばよいでしょう。

3) 答えの数字についての質問：
ア　クライエントの答えが0より大の場合：とても低いと言うクライエントでも，意外に0より大きい数字を答えてくれるものです。2とか3，あるいは0.1と答えた場合でもガッカリすることは全くありません。その数字と0との間がクライエントが現在持っているリソースだからです。そこの内容を詳しく聞くのです。クライエントは0との違いを聞かれると，改めて今が

---

[27] "More Than Miracles" de Shazer, S., Dolan, et al. 2007 Haworth Press pp.61

第7章 どんな質問をすれば良いのですか？（オープン？ クローズド？ スケーリング？）

最低ではないことに気づき，良い部分，できている所を探し始めます。

実はこの部分がこの質問の一番重要な部分，いわばキモに当たると私たちは考えています。つまりスケーリング・クエスチョンの隠れた狙いの第一は，リソース探しなのです。初心者はともするとここを飛ばして一つ上の状態に行こうとするので，しっかりと注意する必要があります。

その次の「どうやってそこまで上げてきたのですか？」という質問はクライエントが努力したことについて注目し，変化をクライエントの功績と称える意味が込められています。さらなるリソース追求であり同時に間接的コンプリメントの役割も果たしているので，これも忘れないでほしいです。

イ　0の場合もそれ以上悪くなっていないことに気づかせ，その状態ですら何らかのリソースがあることを示唆します。

ウ　答えがマイナスであっても，その状態でクライエントは何とかやっている，少なくとも生きている，現在ここにいてセラピストの質問に答えているのです。この大変な努力を認め，いたわる姿勢がこの質問「どうやってやっているのですか？」には込められています。これはコーピング・クエスチョンと言い，これだけでも独立して使える重要な質問です。大変な状況にあるクライエントに対しては，これしかないということが良くあります。

このようにリソースという観点から先ほどの下限の数字について考えると，「インスーが下限を0ではなく1にしたのは，どんな状況にあるクライエントでも必ず何らかのリソースを持っているという意味を込めたのではないか」という人もいます。

4）　一つ上の状態：

リソースを充分に開拓してその次にやっと，1つ上の状態についての質問が来ます。これは10章で説明する「ウェルフォームド・ゴール探し」の質問なのです。10の段階をゴール（最終目標）とすると，それに向かって踏み出す最初の一歩，クライエン

トに今すぐできそうな何かをここで探すのです。

「数字が1つ上がった状態」と聞くのではなく,クライエントが挙げた数字に1つ足して,数字で「4になったら」という風に質問してください。そうしてできるだけ具体的なイメージが湧いてくるように質問を続けます。「その時あなたは何をしていますか」と聞くことで,クライエント自身が行動しているイメージが引き出されます。このように1つ上の状態が具体的にイメージできると,クライエントの中に「これならできるかも? できるんじゃないか?」という希望が湧き,実現の可能性が高まります。

クライエントによっては,ここであまりにも理想に近い状態を述べるので,「それだと10なのでは?」と思わず聞いてしまうとスティーヴたちも言っています[28]。そうすると大抵のクライエントは「ハイ」と答えるので,「それではほんのちょっと良くなったとわかる,小さな小さな印はどんなものでしょう?」と改めて聞けばよいそうです。ウェルフォームド・ゴールの条件は「実現可能な小さな一歩」です。

ただし,「4に上がるために何をしなければなりませんか?」とは聞かないように,と注意しておく必要があります。こう聞いてしまうと,いわゆる「ソリューション・フォースト(解決強要)[29]」になってしまい,クライエントを息苦しくさせるだけです。

5) Bの⑥で挙げたその他の質問はいわばオプションですが,「いつごろまでに」と聞くことで,目標がより具体的になったり,歩みが早まったりします。可能性を聞くことで,ただの夢物語ではなくなる確率も高いです。面白いのは,多くの場合クライエントの目標は10になることではなくて,8か9で良いと答える人がほとんどということです。そうなるとまた実現の可能性が高くなります。

「誰が気がつくか?」という質問は「関係性の質問」です。ク

---

[28] 前出 "More Than Miracles" p.65
[29] "Becoming solution forced in brief-therapy" Nylund, P. & Corsiglia, V. 1994 Journal of Strategic & Systemic Therapies, 13(1), 5-12

ライエントの周りの人間関係を知り、その人たちがどのような助けになるかを探り、解決への後押しをします。

　こんな風に質問‐答えを繰り返すうちに、クライエント自身に解決像がだんだん見えてきて、そのための行動をとるモチベーションが高まって来ます。初めに述べた「解決に結びつく仕掛け」の意味がおわかり頂けたでしょうか？

　簡単だと思っていたスケーリング・クエスチョンに、意外に奥深い仕掛けがあったとわかり、手軽に使えなくなってしまったとおっしゃる方もあるかもしれません。それはちょっと困ります。どうぞ気軽にどんどん使ってください。例えばこんな風に。

　先生「今日の調子はどう？　1から10の間でいくつ？」
　生徒「ウーン、3くらい」
　先生「何があるから3なのかな？」
　生徒「何もないよ」
　先生「でも1より2も多いんだよね。その多い部分は何だろう？」
　生徒「そうだね。今朝はギリギリ遅刻しなかった」
　先生「スゴイじゃん！　4になったらどうなる？」
　生徒「朝ごはん食べて来る」
　先生「いいねえ。いつからそうなる？」
　生徒「明日」
　先生「やったぁ。その調子！」

〈スケーリング・クエスチョンは面接のどこで使うの？〉

　研修などでよく聞かれる質問です。基本的には、面接のどの部分でいつ使っても良いとされていますが、経験的に、いくつか使うポイントがあるような気がします。例えば、

1）クライエントが一通り悩みを話してくれたが、次にどう進んだらいいか迷った時。
2）クライエントの話が抽象的で、何をどう悩んでいるのかなかなか掴めない時。

3）クライエントの話の中で，少し変化が生まれているように感じて，それをハッキリさせたい時。

などでしょうか？　このほかにもたくさんあると思います。

いずれにせよ，今までの流れをちょっと断ち切り視点を変える質問なので，クライエントがまだまだ話したい間は一段落するまで待ちます。そして，「ちょっと変わった質問をしていいですか？」「変な質問ですが」「数字に置き換えて考えてもらいたいのですが」などと，一言断ってからの方が良いとされています。

面接の初めの方で使うとクライエントの言う数字は低く出がちですが，リソースをたくさん掘り出してコンプリメントした後には，数値が高くなる傾向があります。クライエント自ら「面接が始まる前だったら2と答えたでしょうが，今なら5くらいです」と言われることもあります。（そんな時はもちろん「何が良かったのでしょう？」と聞いてみてください。）

小さいお子さんでも，知的障害のある方でも，数字の1から10までの大小がわかれば使うことができます。図を描いて示したり，部屋の中の位置で示したりすればさらにわかりやすくなります。インスーは子どもに風船を渡し「君が今どのくらい怒ってるのか，これを膨らまして教えて」と聞いたこともあると言っています[30]。

中には，「わからない」とか「数字では表せない」と拒否されることもあります。そんな時はもちろん，「そうですね，すみませんでした」と引き下がります。数字が大嫌いというクライエントもいるかもしれませんから，それを尊重します。

---

[30] インスー・キム・バーグ WS（環太平洋ブリーフサイコセラピー会議 2002）より

〈第7章のまとめ〉

・質問が面接の方向を決める。
・初めはオープン・クエスチョンで,最後のまとめはクローズド・クエスチョンで。
・クライエントの答えの中から(キーワードを拾って)次の質問を作る。
・スケーリング・クエスチョンは,リソース探し(答えの数字と0との間)が重要。
・リソースをたくさん見つけた後で,1つ上の状態(ウェルフォームド・ゴール)について聞く。

〈コラム　実践編〉

学校現場で活用する解決志向アプローチ

　現職に就いてから生徒指導困難校と言われる中学校で，思春期真っ只中に様々な事情を抱え，泣きながらもがき苦しみながら助けを求めに来る生徒やその保護者，そして担任や関係教職員等との間で，どう寄り添い，どう見守り，どう支援していくか養護教諭としての在り方を問われ，非力な私は多くの葛藤を抱えながら過ごしていました。

　そんななか，2005年に解決志向アプローチに出会い，実践を重ねて成果を実感してきました。問題や原因に言及せず（誰も責めない），すでにある解決や本人の望む未来（「どうなりたいか」「どうなっていればよいか」など）に焦点を当てる解決志向アプローチが，学校現場に希望と可能性のそよ風を吹き込み，悪循環を良循環へと変えてゆく様を目の当たりにしてきました。

　ここでは，保健室を中心とした学校現場で役立っている解決志向アプローチのほんの一部の実践をご紹介します。

〈リソース探しとコンプリメント〉

　とかく問題志向の場面から始まることの多い学校現場の悪循環から抜け出す鍵は，本人自身の持つリソース（資源・資質）と本人のすでにある解決や本人の望む未来像（「どうなりたいか」「どうなっていればよいか」など），そして本人と家族や学校関係者などだと私は考えます。解決志向アプローチには，沢山の大切な考え方や技法がありますが，私が日常的に学校現場で実践していることの大切なひとつにリソース探しとコンプリメントがあります。コンプリメントは，リソースを肯定的にフィードバックことにより，エンパワメントを促し良循環を生み出すきっかけとなります。

〈事例〉

　Aは，小学校中学年頃から不登校傾向にあり，登校しても空き教室で過ごすことが多かった。揉め事が多く，教師とは会話がほとんどなく

〈コラム 実践編〉学校現場で活用する解決志向アプローチ

「場面緘黙の疑い」と小学校担任から引き継ぎを受けました。中学入学前の春休みに，校内特別支援委員会を開き普通学級在籍の特別支援を要するAの不登校解消とAとの対話ができることを目標に対策を話し合い，職員会議ではAの全教職員の理解と共通認識に努め，協働して学習や生活の支援を継続していきました。

特別支援委員会には，特別支援コーディネーターである養護教諭の私と担任，各学年部会から1名ずつ，管理職や必要である教科担任3名が入りA子の登校状況や本人のリソース，日常のエピソードなどについて，昼休みの短い時間や放課後に何度となく委員会を開き共有と理解に努め，チームとしての協働や連携を強め支援に向かいました。

Aは，保健室に頻繁に来室しネガティブなことを話すことも多々ありましたが，授業を休むことはありません。Aと関係が良好な担任や主に数学と英語の教科担任が，朝からノート点検や放課後，夏休みの居残り個別学習を通してAと友人3人を含めたグループとつながりを深め，ラポール形成を図ってくれたことが学校復帰に大きく貢献したと思います。

ある日，授業から職員室に戻って来た数学の教科担任が少し困惑して私に報告してくれました。

数学教科担任「今日はAがもの凄く機嫌が悪かったので聞くと，眠いんだ……と言って机に顔を突っ伏していましたよ。体調が悪いのかもしれないです」

私「いつも先生がAに声をかけてくれたり，彼女達の話を沢山聞いてくれるから，放課後の居残り学習がとても楽しいとお母さんに話していたんですって。忙しいのにありがとうってAに代わってお礼を言うわ」

小学校時代は一切教師と会話をしなかったAに対し，Aの友人グループを巻き込んで，学習支援を通して日常的に会話で繋がり支援を継続してくれることを数学の教科担任の先生に心から感謝してコンプリメントしました。

その日の昼休み，友人Bと一緒にAが保健室に来室します。

A「死ね，死ね，死ね，死ね，…ぶっ殺す！ぶっ殺してやる！」と言いながら白い紙一杯に書き殴っています。私はネガティブな部分にフォーカスをせずに，

私「あら〜〜何かの模様みたいになったわね〜〜。そう言えば，さっきAちゃんが眠くて体調が悪そうだと数学の教科担任の先生が心配していたよ」
A「えっ？　ホント？……泣きそうだったけど，とっさに"眠い"って言ったんだよね」と手を止め強ばった顔を緩ませ私に答えました。

　私は，中学校入学後からは毎日休まず登校していること，瞬時に眠いと答えたAの機転の速さと，泣きそうだったのに授業を抜け出さずに最後まで頑張って教室に居続けたことなどをコンプリメントしエンパワメントしていきます。

　一緒にいる友人Bは，無言で絵を描いていました。
A「朝からずっと一人で机に顔を伏せていたんだ。もう限界」
私「そう，伏せていたの？　Bちゃんは？」
B「Aのそばにずーっといたよ……」
私「Aちゃん，独りじゃないね？！　Bちゃんがずっとそばにいてくれたんだね！」
A「うん！　ずーっとそばにいてくれたね」
私「Bちゃんいつもそばにいてくれてありがとう！」

　私は友人思いの優しいBへのコンプリメントはもちろんのことですが，Aには教科担任や友人がいつもAのことを気にかけ，エールを送ってくれていることに気づくよう，コンプリメントで強化していきます。その結果，苛々の限界に達したAでしたが「明日は家庭科の調理実習があるから，Bと一緒の班だから明日は休まないよ。」と，明日は休まない宣言をしたので，私はさらに「調理実習の時にAちゃんが休んだら班の人たち困るものね。休めないね」と明日の登校を念押しました。Aは「休まない！って!!」と元気に言い残しチャイムが鳴るのと同時に帰教しました。

　この後も本人と担任や教科担任が，担任と保護者が日常の学校や家庭生活でのAの良い変化や成長，発達の様子を連絡，報告し合いA理解と支援の対策に活かすよう努めました。

　この事例のように，『面接』として特別に設ける相談場面だけでなく，

〈コラム　実践編〉学校現場で活用する解決志向アプローチ

数分，数十分の対話からコンプリメントにつながるリソースという解決へのかけらを見出すことが可能です。問題の内や外，周辺に必ず「リソース」があると本人や関係者のもつ力を尊重し，彼ら自身が自分の未来へのエキスパートであると信じて，「より良き未来」を手に入れるためには，すでにあるものやれること，持っている力など，役立ちそうだと思われるリソースを探し，言葉でフィードバックします。さらにより多くストックしたリソースをスタンバイ状態にしておき，その「リソース」を活かして本人が自主的にそれを繰り返しやれることを全ての関係者やもの，こと等々が支援をします。どうやってそのことができたのか，どうしたらうまくやれたのか，それはどんな力が役に立ったか，そのためにどんな工夫や努力をしたのかなど，そこがもっともうまくいくよう肯定的に評価しフィードバックするコンプリメントが，困っている本人の解決に役立つばかりではなく，全ての関係者の信頼関係構築にも力を発揮しコンプリメントの「環」となりみんなを元気にすることが実感されます。

〈コンプリメントシャワー〉

保健室には，図8のオリジナルのワークシート「コンプリメントシャワー」を常備し子どもたちが日常的にお互いのリソースを探し，相互コンプリメントでエンパワーされるような工夫をしています（『ワークシートでブリーフセラピー』 黒沢幸子編 ほんの森出版）。

休み時間に同学年や異学年を問わず，小人数からでも始められます。順番に左記のシートに互いの良いところを記入し，全員が記入し終えたら，各自がシートに書かれたコンプリメントを読み，気付いたことや感じた

図8

119

ことをグループでシェアします。

　相互コンプリメントができるこのワークシートのメリットは，私が面接という特別な時間を設けずとも，保健室という安心とリラックスした雰囲気のなかで好きな時に，気軽に遊び感覚で，互いの良い所を見つけ，お互いが認め合い，思いやる関係づくりを促進することです。他者から肯定的なフィードバックをもらうことで，自分自身の認識が変わり，自己理解が深まり自己肯定感も高まります。

　保健室には，このワークシートの他に「リフレーミングカード」「魔法の質問カード」「コンプルカード」等々を置き，子ども達がいつでもお互いのリソースを探しコンプリメントを贈り合える習慣づけに繋がるよう工夫しています。

　また，このワークシートやグッズは子ども達同士だけではなく，時には保健室での面談の一環として『担任と私と子ども』で，学級での授業の一環として『担任と子ども達』で，家庭で『保護者と子ども』で，職場で『同僚同士』で，保護者会で『保護者同士』で……等々，活用する対象者や場所を選びません。他者からコンプリメントされることが少ない大人同士においても有益で，雰囲気づくりやラポール形成，ネットワーク作りにも大いに貢献してくれます。

　もちろんワークシートやグッズが無くても日常的にコンプリメントができるようになることが一番ですが，楽しみながらスムーズにリソース探しやコンプリメントができるようになるために最も簡単で有効な方法であると言えるでしょう。

〈エナジーチャート〉

　リソースを探す時にとても役立ったものがスケーリングでした。多くの子どもたちは，自分の考えや思っていることなどを他者に説明するための言語スキルを充分に持ち合わせていないことが少なくないです。ですから，学校現場にこそ「スケーリング・クエスチョン」はとても有効だと私は考えています。決して減点法で考えずに，スケーリングによって得られた数字の内訳を丁寧に教えてもらったり，数字がひとつあがった場合をイメージしてもらうことを通して，すでにある変化やリソースを見つけておくことで，解決像にむけてゴールを具体的に検討していく

〈コラム 実践編〉学校現場で活用する解決志向アプローチ

ことが容易になるからです。自分のなかに「有るもの（すでにできていることや力）」が認識・理解されてはじめて主体的な答えが出せると思うのです。

紙面上事例の紹介を省きますが，スケーリング・クエスチョンは，子どもたちの心の状態を数値化して把握することができるのに加えて，その数値の差異や変動に焦点を当て，子どもたちがもっている自身の解決像や，それにつながるスモールゴールを設定するのにもとても役立ちます。解決像，未来像は時に流動的で変化していくものです。ですから，学校現場では，彼らの到達度を本人と一緒に絶えず評価し共有していくことがとても重要になると認識します。

図9

私のオリジナルのワークシート「エナジーチャート」（『ワークシートでブリーフセラピー』ほんの森出版）を経時的に活用すると，ソリューション初心者でも容易にスケーリングを進めることができます。また，中学生に限らず小学生や発達障がいの子どもたちにも活用が可能です。

ハートの大きさに合わせて色を塗ることで，サイズの変化を子ども自身や関係する大人達が視覚的に把握できるので，より解決に繋がりやすくなります。また，保護者や関係者間の連携を図る際にこのワークシートが視覚的資料のひとつとして，より深く共通認識，共通理解を図ることができます。

〈サポートグループ・アプローチ〉

2009年からは，小学校からの学校復帰や中学校での深刻で複雑な人間関係が絡むいじめや不登校，発達障がい等の問題に解決志向アプローチとピア・サポートの仲間による相互支援を組み合わせたハイブリッド

な手法である『サポートグループ・アプローチ』の適応に成果を確認しています。興味のある方は文献を参照していただければ幸いです。(『サポートグループ・アプローチ完全マニュアル』 2015 八幡睦実・黒沢幸子著 本の森出版)

　学校現場では，私一人の力ではなく，校内教職員はじめ保護者，学校内外の専門家や地域等々，困っている子どもを取り巻く全ての関係者（リソース）がチームで連携・協働することが大変重要となります。多くの内外のリソースを見つけ，リソースが適材適所で活かされると，解決への変化が早く容易に起きやすく，効果的な多くの成果が得られことを実感しています。解決志向アプローチによって生まれた良循環が拡がっていくことで，学校課題のみならず，学校というひとつのコミュニティが豊かになってゆくと確信しています。
　　　　　　　　　　　　　　　　　　　　　　　　　（八幡睦実）

図10

第8章

役に立つ質問はありますか？（ミラクルQとサポーズQ）

次に、「ミラクル・クエスチョン」に行きましょう。SFAと言えば「あっ、あの奇跡が起きたらって質問するヤツ？」と言われるほど有名な質問ですね。一方で、「あのヘンな質問」とか、「あれだけはどうも……」とか毛嫌いする人も多くいるようです。とにかく、まずはやってみましょう。

〈ワーク〉 8-1 ミラクル・クエスチョンのやり方（初心〜）

【グループワーク】

（役割交代・シェアリングを入れると30分〜60分）

① 少し時間をかけたいので2人組の方がいいでしょう。クライエント役、セラピスト役を決めます。

② クライエント役は今の自分の悩みを一つ思い浮かべてください。内容は一切言う必要はありません。

③ セラピスト役は次のように質問します。「ここでちょっと変な質問をしていいですか？　ちょっと変わっているので想像力が必要かもしれませんが」（クライエント役：ハイ）「今日、この後、お家に帰られますよね」（ハイ）「で、食事をされますよね」（ハイ）「その後、お風呂に入るとか、テレビを見るとか、いつもすることをしてからお休みになりますね？」（ハイ）「そして、あなたが眠っている間に……（ゆっくり、大げさに）……『**奇跡**』が起きるんです」（……）「それは、あなたが今考えていらっしゃる、その問題がすっかり解決して、消えてしまうという奇跡なんです」（……？）「でも、あなたはまだ眠っているので、そのことには気づいていません。さて、明日の朝、目が覚めてあなたが最

初に気づくのはどんなことでしょう？『ああ，問題が解決したんだ』とわかる，最初の小さな印は何でしょうか？」（クライエントが考えている間，ゆっくりと待つ。クライエント役は適宜答えてください）

④ クライエントが答えてくれたら，さらに質問して，奇跡のイメージがより詳細に，具体的になるように聞いてゆきます。

　ア 「○○が～なんですね。」（キーワードの反復）

　イ 「○○が～だと，いつもと何が違ってきますか？」（キーワードを使った質問，違いを聞く）

　ウ 「そのときあなたは何をしますか？」（**4W1H**の質問。感情や気分よりも**行動**を聞く）

　エ 「それで？　そしたら？　それから？　次に？」（時間的拡大。その奇跡が起きた朝から夜まで行っても良い）

　オ 「**他に**何が違いますか？」（空間的拡大。少なくとも3，4回繰り返すこと）

　カ 「イライラしてないんですね。**その代わりに**『どんな気持ちですか』『何をしていますか』……？」（ないもの→あるものへ）

⑤ 関係性の質問を使って人間関係を拡大してみましょう。

　ア「あなたに奇跡が起こったことに一番初めに気づくのは誰ですか？」

　イ「あなたのどんな行動からそれがわかるのでしょう？」

　ウ「もしあなたが～（「イ」で答えた行動）をしたら，○○さん（「ア」で答えた最初に気づいた人）はどうすると思いますか？」

　エ「○○さんが～したら，あなたはいつもと違うどんなことをしますか？」

⑥ スケーリング・クエスチョンに行ってみてもいいです。

　ア「それでは奇跡の朝を10として，最初にその問題を考えていた時を0としたら，今はいくつですか？」

　イ「何が良くなっていますか？」

　ウ「もしX＋1（一つ上の数字）になったら，何が違いますか？」

第8章 役に立つ質問はありますか？（ミラクルQとサポーズQ）

……etc.
⑦ 時間があれば例外の質問へ繋げることもできます。
「ここ1, 2カ月の間で, 奇蹟の朝と同じようなことがありませんでしたか？ ちょっとでもそれに近いようなことでいいんですが」「その時は何が違っていたのでしょう？」
⑧ 最低15〜20分くらいかけてから, 2, 3分2人で話し合った後役割交代します。
⑨ 2人の話し合い → 全体シェアリング

解説と注意

いかがでしたか？ ミラクルの魅力がおわかりいただけたでしょうか？

初めてこのワークをやった多くの人の感想は「セラピスト役はやりにくいけれど, クライエント役になって自分の奇跡を想像するのは, すごく楽しかった！」です。そう, これはクライエントを元気にする質問なんです。セラピストが恥ずかしい, やりにくいと言ってやらないのはもったいない話でしょう？

でも何のために「奇跡」など持ち出す必要があるのか？ という疑問ももっともです。それに対しては, この質問の起源となったエピソードが答えてくれます。インスーはあるクライエントが「あー, 私には問題が多すぎて, 奇跡でも起こらない限り解決のしようがないわ！」と叫んだとき,「じゃ, もし奇跡が起こったら？」と返したのです。すると, 驚いたことに, そのクライエントはあれこれ今と違った明るい生活について語り始めました！

もうおわかりでしょう？「奇跡」とは問題が解決した時のイメージ, つまりクライエントにとってのゴールなのです。ですから, 無理に奇跡を持ち出さなくても,「問題がすっかり解決したら, あなたの生活はどうなっているでしょう？」と聞いても良いのです, それでしっかり答えが出てくるならば。ところが問題にすっかり囚われている時, 人はなかなか解決のイメージが浮かばないものです。そこで奇跡が必要になります。あえて, あり得ない非現実的な

設定をすることで解決像が見えるという仕組みです。高い塀を一発で飛び越えるような，あるいは第1章の挿絵で言えば障害物をすべて飛び越して一気に山の上に着陸するような爽快さがこの質問にはあります。

とは言え，非現実的な質問ゆえに注意するべき点もいくつかあります。一つは，第2章で述べたクライエントとの信頼関係です。面接の初めにいきなりこんな質問をされたら，誰でも引きますよね。十分に傾聴し，大変さをわかっていることを示した上で，だからこそ変な質問をするのですが，というスタンスか，あるいはちょっと遊び心の軽いノリで質問しても大丈夫そうな関係ができたと思ったときにこの質問に入ります。

次に重要なのは質問の仕方，言葉遣いや雰囲気です。やり方の③をよく見て，できるだけこれに忠実にやってください。まず前置きです。「変な質問（変わった質問でもよい）」と必ず断ること，これによって唐突さを和らげ，相手がちょっと考える余裕をつくります。何だろう？と好奇心を持ってもらえばなお上等です。その次に「この後お家に帰られますよね？」に始まるいくつかの質問が続きますがこれらは「イエス・セット」と言って，「ハイ」という答えを得るための質問です。少なくとも3つ以上のハイをゲットしてください。それが相手をこちらの土俵，つまり「奇跡」などという有り得ない設定に引き込んでゆく布石になります。またできるだけクライエントの日常生活に沿った具体的行動を挙げること，例えば「テレビは見ない」と言われたらその代わりにすることを聞いても構いません。ここでしっかり日常に密着しておくと，奇跡が起きてからの状況も日常に根ざした現実的なものとなり，実現の可能性も高まります。

全体的に，落ちついた声でゆっくりと間を取って話すこと，「奇跡が起きるんです」の部分はちょっと強調してドラマティックに，とはいえ大袈裟すぎて不自然にならないように言います。そして，質問が終わったら，じっくりと待つことが大切です。この質問は本当に変な質問ですから，答えるには時間がかかります。クライエン

第8章 役に立つ質問はありますか？（ミラクルQとサポーズQ）

トがしばらく黙っているのは考えているからです。ここで焦ったり，すぐ諦めたりしないことです。必要なら，「変な質問ですみません」とか「奇跡なんて簡単には起こらないですよねえ。でも，もし起こったとしたら？……」などと適宜フォローします。ここで待てるか，待てないかはクライエントをどのぐらい信じているかによります。「奇跡は必ず起こるんです」くらいの気持ちでドーンと構えていると，答えがもらえることが多いです。

「奇跡なんて起こるわけがない」とか「そんな非現実的なことは考えられない」という方には，「そうですよねえ。それが当然です。でもォ……もしィ？」などと，粘ります。粘って，粘って，ダメなら「変な質問をしてスミマセンでした」と引き下がります。

一旦奇跡のイメージが語られたら，次にそれをより詳細な，確かなイメージにしていきます。例えば「気持ちよく目覚める」という答えが多いですが，「そうするといつもと何が違いますか？　それに気づいたら何をしますか？　今していないことを何かしますか？　どんな風に？」など，朝食をつくるならそのメニューを，散歩に出るならどんな所へ，という具合です。「○○が～なんですね」と相手の答えをしっかり繰り返しながらさらに質問し，より具体的に，詳細に聞いていきます。いわば線画から絵画へ，モノクロからカラーに，という感じで「そうすると？　それから？　次に？　誰が？　他に？」などと，時間，空間，人間関係をどんどん拡大してゆきます。クライエントがより詳細なイメージが描ければ描けるほど実現の可能性が増してゆくからです。「そうなるとあなたは何をしますか？」という質問でイメージや気分の話から行動のレベルに落とし込んで行ければ，本人の行動が変化する可能性が高まります。

もう一つここで大切なのは日常性です。明日の朝目が覚めるのは今日の連続としての日常の生活なので，「奇跡」は絵空事ではない，現実に起こりうることになるのです。

「誰か他の人が変わった」という奇跡に対しては，「そうするとあなたは何をしますか？」と，本人の行動へと視点を移します。「宝くじが当たる」などという非現実的な奇跡に対しては，「いいわ

ね，それで？」とか「そうしたら何をしますか？ 他にどんなことが起こりますか？」と拡大してもいいですし，もう少し現実に考えてほしい時には「そうなる確率はどのくらいかしら？」などと聞くこともできます。

【一人ワーク】〜 一人ミラクル

「もしも奇跡が起こったら？」と想像すること……考えるだけでワクワクしません？

今，辛い悩みのある方は「今夜寝ているうちに奇跡が起きて，明日になったらこの悩みがすっかり消えていて……」と想像してみましょう。朝目がさめた瞬間からの気分，行動を具体的に詳しくイメージしてください。きっと気持ちが晴れてきて，何かが見えてくるはずです。

特に悩みのない方も，明日の朝がいつもと違う素晴らしい奇跡の朝だとしたら，まず何をしますか？

いつもしていない何かをするのではないですか？ それから？ それから？ 必ずしもワークで示した細かな質問を追わなくてもいいですから，奇跡の一日を存分に思い描いてみましょう！

元気が出て来たでしょう？

〈サポーズ・クエスチョン〉

英語で"Suppose 〜,"というと，もし〜だとしたら……という文になります。「もし問題が解決したら」「もしすべてがうまく行ったら」「もしも合格できたら」「もし自分が変われたら」……世の中にはたくさんの「もし」がありますね。「〜たら，〜れば」思考はダメ，という人もいますが，これは多分過去を振り返って失敗の言い訳にすることを戒めたもので，未来に向かって「もし〜したら」と考えると，たくさんの希望や可能性が見えてくるはずです。SFAでは，これを最大限に活用します。

おわかりのように，ミラクル・クエスチョンもこの一種，いわば究極のサポーズ・クエスチョンです。ミラクルの大袈裟な仕掛けが

我慢できないという方は無理をせずに，普通の調子で「もし問題がすっかり解決したら，どんな風になっているのでしょうか？」と聞いてください。クライエントによって，場の状況によってこの方が適している場合もあります。

「〜できない」と言っている人に，「もしできたら？」と聞くなんてとんでもない，と思われるかもしれません。「できないと言ってるのに！」と怒鳴られそうな気もします。ところが，クライエントは意外とすんなり答えてくれることが多いのです。例えば次のようなことがありました。

「子どもが失敗してもカッとならずに静かに言って聞かせればいいことは分っています。でもそれができないんです」「親子だからどうしても感情が入りますよね。でも，もし冷静になれたとしたらどんな風におっしゃいますか？」「そうですねえ，この次から気をつけようねとか……」。これだけで，次の面接で「昨日は少し冷静になれたんですよ」と言われた時は私もびっくりしました。

〈ミラクル・クエスチョンは何時するの？　流行があるって本当？〉

いつ，どんな時ミラクル・クエスチョンを使えばいいのか？　これもよく聞かれる質問です。

一概には言えませんが，まず面接のあまり早い段階では使わない方が無難です。問題や悩みをしっかり聴かないうちに，こんな質問をしたらクライエントは馬鹿にされたように感じるでしょう。実際にそういう扱いをされたから，あそこにはもう行かないと憤慨するクライエントの話も聞いたことがあります。私自身も電話相談で使って，ガチャンと切られたことがありました。前にも書いたようにこれは解決像を聞く質問ですから，やはり一通り問題を聴いて，リソースを探して，さてそのあと解決のイメージは……というところからが出番ですね。

一方，例外が出てきたり，強力なリソースが見えてきてそのまま解決に結びつきそうなら，ミラクルは必要ない訳です。「どうなればいい？」という質問にしっかり答えてくれたクライエントにも必

要ないでしょう。それらの方法ではなかなか解決像が見えてこない時、ミラクルがとても有効な事があります。私たちの前の本では[31]「困った時のミラクル・クエスチョン」と書きましたが、面接していて、あるいは勉強会などのロール・プレイ面接を見ていて時々、「あー、これはもうミラクルしかないなあ」と思うことがあります。そういう時に使うと、たいてい、何らかの進展があります。

流行という訳ではありませんが、BFTC[32]でも初期のころはよく使ったが後半はそれほどでもなかった、自分も最近はあまり使わないとイボンヌ・ドランさんから聞いたことがあります。[33]

現在SFAを使って面接している人たち全体がどうかということは分かりませんが、昔ほど多分使われていないだろうという印象はあります。私自身も、ひと頃はあまり使わなくなりましたが、今は時々また使っています。誰でも新しいオモチャをもらった子どものように、初めはよく使うけれど、失敗したり、飽きたりしてだんだん使わなくなるのかもしれません。面接が上達すると他の質問でゴールを引き出せるようになり、必要がなくなるということもあります。しかし、さらに進むと、適切な使い方がわかって必要な時だけ上手に使うようになる、ということではないでしょうか？

初心者の方々には、まず、恐れずに使ってみることをお勧めします。その際に注意した方がいい事は、すぐに答えが出て来なくても、また非現実的な答えが出ても諦めない事と、答えが出てからそれを膨らましてゆく質問が重要、ということです。私も初期のころは何度も失敗しました。例えばある時、芸能界進出を目指す女子高生に、「奇跡が起きたら東京でスターへの第一歩を踏み出している」と言われた時言葉を失ってしまいました。今考えると、その人にしたら当然の答えですよね。その時の状況、どんな勉強をしているの

---

[31] 前出「みんな元気になる～対人援助のための面接法～解決志向アプローチへの招待」
[32] Brief Family Therapy Center（1982～2007）インスーやスティーヴたちが米国ミルウォーキーに開いていた相談・研究機関
[33] イボンヌ・ドラン研修会 ソリューションランド主催　2013.4.27-29 より

か，誰が支えてくれているのか，どうやってそこへ至ることができたのか，など，膨らませ方はいろいろあったはずですし，それらに答えながら彼女が現実的に準備してゆく手助けができたはずなんですが。

もちろん今も時々失敗しています。でもミラクルを相手と一緒に考えるのはとても楽しいひと時です。[34]

〈第8章のまとめ〉───────────────────

・奇跡は意外とよく起こる。ミラクルクルク・エスチョンをするとき，セラピストの方が気恥ずかしく感じがちだが，クライエントはそんなことはなく，かえって，気分がよくなることが多い。
・コツは「待つ」こと。クライエントに想像してもらう質問なので，考えるのに時間がかかることが多い。待つことが必要。
・モノクロをカラーに。クライエントの奇跡の朝を具体的にイメージできるように，詳しく，具体的に聞いていく。
・「サポーズ・クエスチョン」は，気軽に使えるミラクル・クエスチョン。

───────────────────────────
34 この章全体は de Shazer & Dolan "More than Miracles" 前出 chapter 3 (pp.37-60) を参考にしています。

〈コラム　実践編〉

子育て支援のための相談室

〈発端〉

　母子相談室『みみずく』を立ち上げたのは1998年の夏，ソリューションについて勉強をし始めた頃と重なります。

　開設の動機はそのころ関心が高まり始めた児童虐待の防止運動で，虐待防止の電話相談にかけて来る人の大半が実は当の母親たちであると知った時です。「自分が抑えられず子どもを叩いてしまいました，これは虐待でしょうか？」「子どもが可愛いと思えなくて悩んでいます」といった，切実な相談でした。「こんな悩みはどこへ行っても相談に乗ってもらえません。母親なら子どもを可愛がるのが当然，親の愛情を受けないと子どもの将来が危険ですと叱られ，説教されるだけです。精神科に行っても病気ではないと取り合ってもらえません」と訴えるお母さんたちの悩みを受け止める場がどこかになければならない，と強く感じました。その時私の頭にあったのは，別のコラム（34頁）にも書いた発達障害児のための療育機関の母親グループでした。似たような相談がいくつもある中で，この人たちが集まって自分の思いを話し合うだけで，きっと救われる，変われる，と思ったのです。

　大学で心理学を教えながら，いつかは個人でカウンセリングルームを……と漠然とした夢がありました。親戚に貸していたマンションの一室がちょうど空いたところでもあり，決心するなら今しかない，というタイミングでした。すべて予約制で個別ケースから始め，希望者が複数になったところからグループも始めました。子守，記録，コ・カウンセラーとして歴代何人もの方々にお手伝い頂いていますが，基本は個人経営（万年赤字）です。

　初めのうちは真摯にお話を聴くしかありませんでした。心に決めていたのはただ「お母さんたちの立場に立つこと」だけです。それまでの心理臨床の文献に散見する『親面接』のうさん臭さ——子どもの問題の原

〈コラム　実践編〉子育て支援のための相談室

因は親の育て方の失敗という前提のもとで，親を非難したい気持ちのありありと透けて見える表現にうんざりしていました。親面接の話題は親としての役割に限るべきだとか，クライエントは子どもなのか，親なのかという無意味な議論が横行していました。虐待防止の運動も「可哀想な子どもをひどい親から救い出す」といった風潮が強く，親の心の痛みには思いすら至らない時代でした。その時，「目の前にいる人がクライエントである」というソリューションの考えは明快に私を後押ししてくれました。

『みみずく』へ来られるお母さんたちは皆，真剣に子どもを愛さなくてはならないと努力し，それのできない自分を責めていました。ソリューション的に見ればそのこと自体がリソースです。「悩んで相談に来て下さったこと自体凄いじゃない，貴女はもう一歩踏み出したんですもの」と言うと，初めはキョトンとされ，「これでいいんですか？」とおっしゃいます。その他にも努力されていることは？　とお聞きし，「いっぱい努力されてるんですね。効果のあったのはどれですか？」と質問すると，この時は良かったという話になり，「あ，そうか，こういうことを続けて行けばいいんですね」とご自分で納得されます。こんな風にトントン拍子に進んだ事例は大抵1回で終結します。中には「私の趣味は子育てでした」と嬉しそうに帰られた方もいらっしゃいました。

もちろん全てがこううまく行くわけではありません。色々な問題を抱えていてまだまだ話したい方は，個別で継続したり，グループに参加されたりします。

〈個別面接〉

個別継続で印象に残っているのは子育てが辛く，「うつ」に悩むあるお母さんのミラクル・クエスチョンへの反応です。「奇跡ですかあ？　起ったらいいですねえ」と微笑まれた後，「きっと気分が晴れていて，心も軽くなっているでしょう」〈気分が晴れていたら，何をしますか？〉「ウーン，『朝ご飯目玉焼きでいい？』なんて主人に言って，主人が『何かいいことあったのか？』と聞くかもしれません」〈そう聞かれたら？〉「『うん。ちょっと出かけて来る』と言います」〈どこへ行かれますか？〉「主人の母の所。実家は遠いのでここでは唯一の話し相手なんです。その後

公園で子どもと遊びます」〈最近でそれに近いことはありましたか？〉「3カ月前，実家の母が来ていた時はそんな感じでした」といった会話の後，メッセージとして次のように伝えました。

〈本来は明るくテキパキした方で，今は落ち込んでいても這い上がる力のある方と感じました。仕事をバリバリこなしていた女性が育児となると勝手が違って落ち込むのはよくあることです。必要な手だて（通院，服薬，実母の応援を頼む，義母に相談するなど）を上手にとっていらっしゃるのに感心しました。お子さんもよく育っていますね。次回までに，ちょっと気分が良いとかお子さんと楽しく遊んだなど，奇跡の日に近いことの観察をしてきて下さい〉

次の回はまだ落ち込んでいましたが，3回目にはかなり元気だったので〈何が良かったのでしょう？〉と聞くと，「ここへ来た最初の日にオカシナ質問をされてから（笑），毎朝目が覚めると『気分が晴れていたら？』と聞かれたことを思い出すんです。そうすると本当に気分が晴れてきて，なんか雲の切れ目から光が差してきた感じです」と言われました。ミラクルがずっと自己暗示の形で働いていたことにびっくりしました。この方は結局7回で面接を終了し，元気になられました。

このほか個別相談では子育てに限らずあらゆる悩み相談や，コーチングに近い関わりも引き受けますが，基本姿勢がソリューションなので，どんな問題でもクライエント自身がゴールを見つけるお手伝いと割り切っています。

〈グループ〉

現在，月1のグループが2つあります。主にお子さんの年齢で分けていますが，流れはほぼ同じです。初めての参加者がおられる時は全員に自己紹介をしてもらいます。それ以後は「この前のグループ以後にあったちょっと良いこと」から始め，中間はすべてフリートークで，「人を傷つけること以外何を話しても良い，お互い同士の質問も自由，答えるかどうかも自由」としています。もう一つ，「グループで話されたことを他の人に話さない」と約束してもらいます。ルールはこれだけです。最後

〈コラム　実践編〉子育て支援のための相談室

に一人ずつ感想を言ってもらい，全体に向けてメッセージを出して約2時間で終わります。私は「知らない姿勢」で聴き役になっていることが多く，メッセージはできれば一人ずつへのコンプリメントを，と心がけています。

「身内にも，ママ友にも話せないことが話せるのはここしかないんです」とよく言われます。「子どもが嫌いだなんて言ってもいいんだ！　こんなこと口が裂けても言えないと思っていた！」と言った方が，いつの間にか家庭での出来事を楽しそうに話されます。親や夫への不満も良く出る話題ですが，共感して盛り上がったり，うちは良い方なのかと見直したり，いつの間にかトーンが変わってきたりします。初めは一方的に愚痴ばかり（つまりプロブレムトーク・オンパレード）だった方が，人の話をよく聞くようになり誰かの話に思いがけないコメントをしてくれたりします。

最初に個別面接をして参加を決めた後は，出入り自由，無期限のグループなので，ご自分の問題が解消して数回で卒業する方，最初の問題が消えても次々と心配事の起きる方，問題はないけれどおしゃべりが楽しいからとずっと通う方など，いろいろです。話題も結局は自分自身の生き方に深化して行くのかな？　と思っていると，新しい方が入ってまた雰囲気が変わったりします。古くからいるメンバーが質問で自然にグループを回してくれます。先輩メンバーの体験を聞くことが若いお母さんたちには何より参考になるようです。グループが成長して自助グループになっていく方が良いのかな？　と思った時期もありましたが，「先生がいないと駄目なんです」と言われ，はて，依存を作り出しているのかと反省しつつ，でも来られる方のニーズに合わせるしかないと思っています。

期限を切った治療グループの方が，はっきりと解決に向かったソリューション的な運営がしやすいでしょう。しかし『みみずく』のグループは，治療でもカウンセリングでも自助でもない，ゴールも目標も一人ずつ異なりながら，お互いに影響し合い成長してゆく，得体のしれない不思議なグループです。

それでもその中で個々のメンバーの役に立って行ければ良い，と柔軟に考えられるのもソリューションならではと思っています。（相場幸子）

第 9 章

大切な人は誰ですか？ (関係性の質問)

〈関係性の質問について〉

リレーションシップ・クエスチョンは日本語では,"関係性の質問"と呼ばれることが多いようですが,"人間関係を応用した質問"と表現したほうがわかりやすいかもしれません。

一言で言ってしまえば,「誰々から見れば,どう見えるでしょう？」とクライエントにポンとたずねてしまう方法なのです。たとえば,「あなたのお母さんだったら,何と言うと思いますか？」などのように使います。クライエントの想像力を喚起するために,「今ここにお母さんが座っていて,さっきのあなたの話を黙って聞いてくれていたとしたら,何て言ってくれるでしょう？」などと工夫するのもいいですね。

いずれにせよ,他の人からの視点を導入し,あえてクライエントに想像してもらうというのがこの質問のねらいです。

もしこの問いかけで,クライエントなりに想像力が広がれば,「母はきっと,こういうと思いますよ」と答えてくれるかもしれません。が逆に,「……わかりません」という答えが返ってくるかも知れません。「う～ん,よくわかんないけど,多分こう言うんじゃないかな」という返事も,実際の面接場面では多いです。ですが,どの答えもセラピストにとっては大変参考になります。それは,クライエントの答えの内容だけでなく,答える時の態度（非言語的情報）も含めて,クライエントとその人との関係がどのようなものか,とても具体的なヒントを与えてくれるからです。

特に,「誰々から見れば,どう見えるでしょう？」の「誰々」にあたる部分が,クライエントにとっての重要人物（= VIP）であれば,クライエントは真剣に考えてくれるものです。そうなれば,答

えが広がる広がらないに関わらず、この質問に答えようとするなかで、何らかの気づきをクライエントにもたらすことがあるので、話題が展開していくきっかけになることも多い質問なのです。

　SFA には、ミラクル・クエスチョンのように、時間軸で言えば未来に関わっていくような質問が多数ありますが、リレーションシップ・クエスチョンは、本人を取り巻く世界全体に関した、横の広がりをイメージした質問といえるでしょう。したがって、合わせ技として応用範囲が大変広い、非常に有益な質問と言えます（時間軸×空間軸でさまざまにイメージを広げることが可能となる）。だから、ぜひ身に付けて自在に使えるようになって欲しいのですが、これが初心者には「なかなか思いつかない」技法だ、とよく言われます。結局大事なのは、使い慣れることというほかないのですが、もうひとつ覚えておきたいのは、SFA ではクライエントをタマネギみたいに同心円でイメージするという考え方です。これは少し説明が必要ですね。

　クライエントのあり方そのものに対する、セラピスト側の認識の持ち方を、SFA では図11のように考えます。もちろん同心円の真ん中には、相談に来たその人がいます。その周辺には家族、友人、職場の同僚などと、クライエントとの距離感に応じて円が重なって行きます。そのクライエントの世界観によっては、家族が意外と外側に（心理的には）位置づけられるということもあるでしょう。ただし、円が何層か積み重なっていることは変わらず、一番外には社会（日本人だと、世間？）という層があるはずです。

　SFA では、あくまで理念的にですが、この全体をクライエントと捉えます。したがって、極端に言えば一番外側の玉葱の皮から見たリレーションシップ・クエスチョンも（もし必要なら）可能になります。

（使用例）
Cl「もう死にたいと毎日思いながら生きてるんだけど、なかなか死ねなくて、お腹がすいたらコンビニまで這うような気持ちで行く

図11 SFAにおけるClの定義[35]

んです」
Th「なるほど，そんなにつらい毎日なんですね。……そんなあなたの様子を知ったら，友達は何と言ってくれるでしょう？」
Cl「僕に友達なんていません。だからひきこもっているんです」
Th「わかりました，すみません。では，あなたのベランダに時々来てくれるという，先ほどのお話にあった，可愛い小鳥が見ていたら何と言うでしょう？」
Cl「……。僕の気持ちに気づいていて，ただ黙って見てくれているのかもしれません……」

ここではまず，「友達」から見たリレーションシップ・クエスチョンをしています。が，クライエントにはイメージが湧いてこなかったようで，質問としては失敗しています。しかしセラピストは諦めず，クライエントの心情を受け止めながら，次のリレーションシップ・クエスチョンを行っています。図で言えば玉葱の外側，それも人間社会よりももっと外側の視点とも思える，「ベランダに来る可愛い小鳥」の視点を応用して質問したところ，クライエントにと

---

[35] テリー・ビショー WSスライド (2014) より引用・改変

第 9 章　大切な人は誰ですか？（関係性の質問）

ってはそれなりに思い入れのある「小鳥」の視点なら気持ちを想像することができ，やっと返事ができた，という展開になっています（孤独なクライエントにとって，人間よりもペットのほうが大事ということは，時々ある話です）。

このように，クライエントを社会の層構造の中で生きている人という風に，全体的な関係性のイメージで捉えることで，さまざまなリレーションシップ・クエスチョンを設定することが可能になります。また，やたらにこの質問を乱発すればよいのではなく，クライエントにとっての VIP（重要人物）が誰なのかを事前に探り当てておくことが，クライエントにフィットする質問を出す上で大切だということもわかっていただけると思います。

それではいよいよ，リレーションシップ・クエスチョンを実際に使ってみるワークを皆でやりましょう。

〈ワーク〉 9-1　とにかく関係性の質問をやってみよう（初・中級）

【グループワーク】

関係性の質問（リレーションシップ・クエスチョン）は，初心者が自然に思いつくことはほとんどない質問かもしれません。ですから，とにかく使ってみて，この発想に慣れることが大事です。そこでこのワークでは，どのようにリレーションシップ・クエスチョンを作るかをまず練習します。そして，それがクライエントにとってどのように役立つのか（あるいは逆に役立たないのか），グループ全体で一緒に考えてみるワークです。

① クライエント役 1 名，セラピスト役 2 名を決める。その他の人（ギャラリー）

図 12

② 2人いるセラピストのうち，1人は標準的な質問する役割（＝Th1），もう1人は「リレーションシップ・クエスチョン」担当係という位置づけ（＝Th2）。

③ クライエント役の人は，自分のちょっとした悩みを思い浮かべ，どんなテーマなのかをセラピスト2人にごく簡単に教える。

④ 悩み事の相談に入る前に，「リレーションシップ・クエスチョン」担当係であるTh2が，同心円を書いた紙を用意し，クライエントの世界観（人物の配置図）を簡単に聞く。家族構成や，ふだん仲良くしている人，お世話になっている関係者（職場や地域）などについて，おおまかに聞き取る。クライエントは答えてもいい範囲で答える（隠してもかまわない）。Th2は，同心円の図に，家族構成や，友人，職場など，ざっと書き込んでゆく（白板，または紙に記入；図12）。

⑤ ふつうに相談を始める。この時聞き役はTh1が行う。Th2は，Th1の後ろ（または横）に控えて口は出さず，2人の話を黙って聞いている。聞きながら，同心円の中に新たな人物がもしあれば書き加えたり（ペットを書き加えるなど），位置関係を直したりする作業に専念する。

⑥ 3分ほどで区切り，小休止。ここで，Th1とTh2は相談をして，どのようなリレーションシップ・クエスチョンができるか考える。(1)「誰に」→ (2)「何を」聞いてみるか，白板，または紙にリストアップする。ギャラリーから意見をもらうのもOK，皆でどんどんアイデアを出そう。この話し合いは5分ほどにしておこう（後の「解説と注意」を参照してください）。

〔リストの例〕
・クライエントの友人に→クライエントの良いところを
・父に→クライエントが日頃頑張っていることについて
・母に→クライエントの悩み事をどう思うか
・犬（ペス）に→クライエントの元気な時と，元気のない時がどう違うか……などなど

⑦　一応，セラピスト・チームとして聞いてみたい質問にチェックを付けておく。その上で，リストの中のどの質問をしてもらいたいか，あえてクライエントに選んでもらおう。同じ質問を選んでくれるだろうか？

⑧　クライエントの選んだ質問を，実際の台詞にしてみるところから相談再開。台詞は下の例を参考に作ると良い。

〔実際の台詞の例〕

・「あなたのお友達は，あなたのどんなところが良いと，言ってくれますか？」
・「お父さんに，あなたが日頃頑張っていることについて聞いたら，何と言ってくれそうですか？」
・「お母さんが，あなたの悩みを知ったら，どう思うでしょうか？」
・「ペスから見て，あなたが元気な時とそうでない時がどう違って見えるでしょう？」

⑨　適切なリレーションシップ・クエスチョンができれば，クライエントの思いが多少なりとも引き出せるはずだが，やってみないとわからない。引き出せた場合は，それを膨らませていくこと（「解説と注意」参照）。引き出せなかった場合は，一般の相談の流れに戻って対話を続ける。

⑩　さらに3分ほどで区切り，小休止。(6)〜(9)を繰り返す（次のリレーションシップ・クエスチョンを考案し，実施しながら前に進んでいく）。

⑪　全体20分〜30分ほどでとりあえず終える。
⑫　全員で，何を感じたかをシェアしあう。クライエントの立場，セラピストの立場，ギャラリーの立場で。良かったことも，そうでないことも。

解説と注意

このワークは，
(1) クライエントを玉葱型の同心円でイメージしておく練習。
(2) クライエントにとってのVIPを見つける練習。
(3) VIPとの関係性を応用して，どのような質問をすればクライエントが答えを想像しやすいか。

さらに，
(4) 質問がクライエントにとって有益かを判断する練習。

などを，同時並行でやるためのものです。慣れていない初心者のために，セラピストの頭を2つに分けました。また，周りの参加者にも手伝ってもらい，クライエントの意見も取り入れるという構成になっています。一旦「ああ，こんな感じか」とわかってくれば，これを一人のセラピストでやれるようになる，ということを狙っています。

注意事項の1番目は，⑥のリスト作りの所です。リレーションシップ・クエスチョンをどう構成するかが，最も大切です。VIPが誰なのかは，多少意見がわかれることはあっても，追々話をもっと聞いていけば見えてくることなので，それほど苦労はしないでしょう。それよりも，別な人の目を通して（＝誰に），どのようなことをクライエントにイメージしてもらうか（＝何を），その内容の作り方に気をつけねばなりません。

初心者がよくやる失敗は，クライエントに何かを"わからせよう"として，権威的なVIPの立場から教訓的なことを言わせようとすることです。たとえば「あなたが長年引きこもっていることについて，お父さんは何と言うでしょう」と聞いたとすると，

「困った息子だと思ってるに決まってますよ」という，わかりきった返事が返ってきて，これはクライエントには何ら有益なイメージをもたらしません。（聞いて悪いということはないですし，聞くことで「やっぱりそうか」とセラピスト側が確認できるなどの意味はあります。）

　大事なのは，セラピスト側の興味で質問を選ぶのではなく，「これを聞いたら少しはクライエントの役に立つのではないか」と推し量れるものを選ぶということです。これを，忘れないようにしましょう。これはワークの参加者全体に求められる態度です。

注意事項の２番目は，⑨での対話の膨らませ方です。SFA の技法全般でいえることですが，質問をすれば良いというものではなく，せっかくクライエントが苦労して出してくれたヒントをどうやって具体的なイメージに広げていくか（膨らませていくか）を，セラピストが積極的に手伝って行かなければ，クライエントには徒労感が残ります。ちょっとしたイメージでもいいので，クライエントから何か出てくれば，それを手がかりとして，絵画のようにあるいはビデオの一場面のごとく情景が浮かんでくるように，クライエントが抱くイメージを聞き出していくことが必要です。以下に例を示します。

〔例〕
Th「あなたが長年引きこもっていることについて，お父さんは何と言うでしょう」←リレーションシップクエスチョン
Cl「困った息子だと思ってるに決まってますよ」
Th「仮に，そう言われたら，あなたは何と返答しますか？」←リレーションシップクエスチョン
Cl「いつも何もいえなくなって，黙り込んでしまいますね」
Th「そうですか，何もいえなくなってしまうんですね。なるほど。でも，仮に，ちょっとでもいえる状況だったとしたら？」
Cl「う〜ん……。やっぱり，父にはいいにくいですね，正論ですし，聞く耳もたないし」

Th「そうですか。では，聞く耳を少しは持っている人はいますか？」
Cl「まあ，お婆ちゃんなら，少し」
Th「お婆ちゃんがその場にいてくれたとしたら，何と言うでしょう」←リレーションシップクエスチョン
Cl「……そういえば，実際お婆ちゃんがいて，『父さんも本当はお前の気持ちが分かってるんだよ，でも父親として甘い顔できないと思ってるみたいなんだよ』って教えてくれたことがありました」
Th「そうなんですか，それを聞いてどう思いました」
Cl「まあ，なるほどなーというか……」
Th「仮に，お父さんとお婆ちゃんとがいる場面だったら，あなたは何を言いたいですか？」
Cl「う〜ん，難しいですね……。僕からは何もいえない」
Th「お婆ちゃんは？」
Cl「お菓子とかお茶とか出してくれて，おいしいね，とか，そんな感じです」
Th「ほうほう。なるほど，素敵なお婆ちゃんですね，そしたらどうなります？」
Cl「僕も父も，そうだねとか，お茶飲みながら」
Th「ほう，それで？」
Cl「野球の話とか，3人とも好きなので」

このように，リレーションシップ・クエスチョンに答えが帰って来た時は，その続きの会話や生活が，実際どんな風に展開していくのか聞いていくのが，だいたい常套のやり方です。

〈ワーク〉 9-2　経験者向け "とにかく関係性の質問をやってみよう"（中・上級）

【グループワーク】

① ～ ③　〈ワーク〉9-1 と同じ。Th2 は，グループの中で比較的経験ある人にやってもらうとよい。

④　そのままふつうに相談を始める。この時聞き役は Th1 が行う。

⑤　相談の流れの中で，Th2 が「ここでリレーションシップ・クエスチョンを使えそうだ」と感じた場面で，Th1 に手や目で合図をする。

⑥　それに気づいた Th1 は，自分なりに考えてリレーションシップ・クエスチョンを出してみる。どうしても思いつかない時は，一旦相談を止めて，クライエントにちょっと待ってもらい，Th1 と Th2 でこっそり打ち合せする。そしてリレーションシップ・クエスチョンを出す。

⑦　クライエントが何か答えることができたら，Th1 はそれを広げる努力をする。無理なら，普通の話の流れにもどしていく。

上記④～⑦をくり返す。

全体 20 分～ 30 分ほどでとりあえず終える。

全員で，何を感じたかをシェアしあう。クライエントの立場，セラピストの立場，ギャラリーの立場で。良かったことも，そうでないことも。

【一人ワーク】

〈その 1．基礎的ワーク〉

まず自分自身についての同心円の図を作ってみましょう。

「自分にとって大切な人は？」とか，「自分に最も近い人は？」とか，それも，それぞれ「日常生活において」「仕事の上で」「自分の人生として」などと角度を変えて考えると，いろいろな同心円ができそうです。同じ領域に入るとしても，一人ひとりとの距離は微妙に違うかもしれません。今はこの世にいない方でも，大切に思う方

は入れて構いません。
　その中で,「今,一番大切にしたい人」を一人選びます。それから次の質問に答えてください。
ア　その方の目には,今のあなたの状態は,どんなふうに映っているでしょう？
イ　その人から見てあなたの良い所はどんな所ですか？
ウ　あなたがどんな行動を取ったら,その人は「良かったね」と言ってくれるでしょう？
エ　それからその人の行動にはどんな変化が起こると想像できますか？
オ　そうしたらあなたの行動はどう変化しますか？
　さて,やってみて,何か気が付いたり,明日から（今すぐでもいいですよ）やってみようと思うことが見つかった方がいらっしゃれば幸いです。そこまで行かなくても,自分と周りの人との関係が少しクリアになったのではないでしょうか？

〈その2. 応用編〉
　「今,一番関係を改善したい人」を一人選びます。次の質問への答を書きます。
ア　その人の目から見たあなたはどんな人ですか？
イ　その人はあなたのどんなところが良いと言うでしょうか？
ウ　二人の関係がどう変われば,その人は「関係が良くなった」と思うでしょうか？
エ　あなたがどんな行動を取ったらその人は喜びますか？
オ　あなたの取った行動の結果,その人の行動が変わるとしたら,どんな風に変わりますか？
カ　その結果あなたの行動はどう変わりますか？

〈その3. 実務編〉
　現在抱えているクライエントに,どのような「関係性の質問」ができるか考えてみましょう。

できるだけたくさんの質問を紙に書いてみましょう。誰についての質問ができるか思い浮かばない時は，次の面接でもう少し周りの人についての情報を集めてから質問を考える方がよいでしょう。それからどれが合いそうか考えて，その次の面接で実際使ってみてください。

〈もう一つの現実〉

「どうして関係性の質問が必要なのですか？」というフロアからの質問に，インスーが「人は一人で生きている訳ではないからです」と答えていたのが強く印象に残っています。人間は一人では生きられないし，どんなに孤独な人も，少なくとも心の中では誰かとの関係を保っています。同じWS[36]で，孤独で誰とも会わず，森を散歩する人に「森の木は散歩するあなたを見てどう思っているか」聞いてみたらよい，と言われたのにはびっくりしました。

つまり関係性の質問のもう一つの意義は「他者の視点の導入」にあるということもできるでしょう。それによってクライエントが自分を客観的に見られるようになり，行動の変化へとつながるのです。ただし，説教臭くそれを初めから匂わせてしまったら逆効果です。

〈第9章のまとめ〉────────────────

リレーションシップ・クエスチョンのコツ
・人はタマネギの如し。（周囲のいろいろな関係性を持っているクライエントをイメージすること）
・VIPを探せ。（VIPとはクライエントが大切に思っている人）
・出てきた話題を膨らまそう。（会話の続きの場面をイメージしてもらう）

---

[36] インスー・キム・バーグ　福岡ソリューションワークスでのWSより。

〈コラム　実践編〉

介護保険制度と介護支援専門員に求められているもの

〈「介護支援専門員」という仕事〉

　介護支援専門員（ケアマネジャー）は，介護保険制度の成立とともにできた職業です。介護を必要とする人から相談を受け，本人や家族の希望を聞きつつ，サービスの必要性について判断します。それと並行して，本人や家族の希望に添った介護サービスが適切に利用できるようサービス事業者との連絡調整を行い，利用するサービスの種類や内容，利用限度額，利用回数，利用料などを盛り込んだ介護サービス計画書を作成します。

　そもそも介護保険は「加齢に伴って生ずる心身の変化に起因する疾病等により要介護状態となり，入浴，排せつ，食事等の介護，機能訓練並びに看護及び療養上の管理その他の医療を要する者」を対象としています。その目的は，「これらの者が尊厳を保持し，その有する能力に応じ自立した日常生活を営むことができるよう，必要な保健医療サービス及び福祉サービスに係る給付を行うため」と介護保険法の中で示されています。

　また，介護保険法では，「国民の努力及び義務」として「国民は，自ら要介護状態となることを予防するため，加齢に伴って生ずる心身の変化を自覚して常に健康の保持増進に努めるとともに要介護状態となった場合においても，進んでリハビリテーションその他の適切な保健医療サービス及び福祉サービスを利用することにより，その有する能力の維持向上に努めるものとする」と規定されています。介護支援専門員は，その方にどんな問題があるのかを把握し，その問題の背景や原因を分析し，悪化する危険性や改善の可能性を検討し課題を明らかにします。それは，まさしく専門職が行う，問題志向アプローチです。

　同時に，介護支援専門員は，今その方が困っている問題と望んでいる生活の擦り合わせを行いつつ将来的に到達・達成したいと思う長期目標

とその長期目標の達成のために，段階を踏む短期目標の設定を支援します。そして，介護支援専門員は，その目標を達成するための社会資源の調整を行い介護支援計画案を作成し本人や家族，サービス事業所との合意形成を行います。

　しかし，多くの介護支援専門員が対応する対象者は，疾患や痛み，加齢という問題を抱えています。原因がわかったとしても，その原因を取り除くことが難しい場合も多々あります。また，老化という避けられないさまざまな喪失体験が続くなか，長年積み重ねてきた変えられない習慣もあり「わかっちゃいるけどやめられない」というこだわりを手放せない方もいます。そんな複雑で多様な課題に対して問題解決志向アプローチだけでは対応できない現実があります。

〈解決志向アプローチ〉

　解決志向アプローチは汎用性が高く，日常会話に応用することで，ポジティヴな感情や前向きな行動を引き出すことが可能です。また，解決志向アプローチでは，ご本人の専門家はご本人であると考えています。ご本人の思考の枠組みは，そのままジャッジされることなく，ありのまま受け止められます。専門家の判断は求めていません。

　在宅生活を支援している介護支援専門員は，サービスの提供状況や満足度，目標変更の必要性などを確認するため，毎月自宅に訪問してお話ししています。

〈一人暮らしの進行性の難病を患っている花子さん〉

　身寄りのない花子さんは，難病と診断されてから10年，服薬も遵守しリハビリも行い，主治医の指導を守って病気に良いということは日課に組み込み，前向きに生活を続けてきました。それでも否応なく病気は進行し，室内で，いきなり足がすくんでしまい，毎週転倒するようになりました。病気の本も読み，予後は寝たきりなると調べました。

　ある日，介護支援専門員が介護支援計画の1年後の長期目標の変更について花子さんに確認しました。すると，なんと「自宅で倒れてそのまま，死んでいる」という内容でした。介護支援専門員はその役割を脇に置き，2人でその目標について話を続けました。

ケアマネージャー（CM）「1年後は，ここで倒れて死んでいるのが目標

なんだね，ふーん，そうすると，どんな良いことがあるの？」
花子さん「来年死んだら，先のことをもう考えなくて良くなるでしょう」
CM「うん，確かに」
CM「ただ，息のあるうちに誰かが倒れているところを見つけたら救急車を呼んでしまうから，前の時みたいに助かってしまうよね」
花子さん「そうだね，だけど大丈夫，最近ヘルパーさん以外来ないから」
CM「でも，ヘルパーも発見したら，救急車を呼んでしまうと思うけど，どうしたらいいかしら」
花子さん「ヘルパーさんが帰った後に倒れたら，次の訪問までしばらくあるから，大丈夫じゃない」
CM「じゃ月曜日に倒れたら上手くいくね。本当は転倒が心配だからヘルパーの回数を増やすことを勧めようと考えていたけど，勧めるのはやめることにします」
花子さん「そう，今のままがいいの，気ままに暮らしたいから」
CM「この家で気ままに暮らすことが大事なんですね」
花子さん「そうなのよ」

と花子さんは，素敵な笑顔を返してくれました。

それから半月ほどして，花子さんから転ばないように歩行器を使いたいと連絡がありました。解決志向アプローチでは，「クライアントは自分の生活の専門家」であり，「知らない姿勢」で聴くことが大切であるといわれています。知らない姿勢とは，自分の思考の枠組みを脇に置きクライアントの思考の枠組みを理解するために，純粋な好奇心を持っていることを伝える態度であるといわれています。

1年後の目標が「自宅で倒れてそのまま，死んでいる」はさすがに，私を驚かせる発言でした。しかし，このケースで，クライアントが自分の生活の専門家になり自らが納得できる方法を発見するためには，クライアントの思考の枠組みに沿いつつ，クライアントと共にクライアントの中にある納得できるものを探求する姿勢がクライアントを自らの専門家にするのだと体感することができました。

〈老いていくということ〉

介護支援専門員として，毎月，ご自宅を訪問していると「早く死にた

い」という言葉を耳にすることは珍しいことではありません。大概は，自分が他者から必要とされなくなってしまったと感じている時に，ふと口から出てしまうことが多いようです。最近，急に弱ってきた100歳を過ぎた方から，初めて「早く死にたい」という言葉を聞きました。

「死んだらどんないいことがあるのですか？」とさらりと聞いてみました。少し考えてから，「家族のことを見守ってあげることができる。今は何もしてあげられないけれど，死んだら守ることができるから！」とおっしゃるので，その言葉をそのまま伝え返しました。

その時のその方の，安堵したような表情が今も心に残っています。ソリューションに「関係性の質問」というのがあります。『死』は何人も避けることができない現実です。しかしその『死』も，他者との関係の中で意味を見出した時，生きる勇気につながるのだと感じた瞬間でした。

この話をすると，よくそんな質問ができるねと驚かれることがあります。

もちろん，単純に質問したわけではなく，その場で起きている全ての状況を加味して質問はしているのですが，解決志向アプローチと出会っていなければ，ただ単に介護支援専門員としての立場で，クライアントの言葉を捉えてしまい，その方の発する言葉の意味を知ろうとはしなかったと思います。

解決のための面接技法の勉強会に参加し続けることで，専門職たらんとする介護支援専門員が，その問題を解決しなければという価値観と，その役割を全うできないのではないかという恐れが存在していたことに気づくことができました。そして，それを横に置きつつ対峙するにはなれるまで練習が必要であると感じています。

解決志向アプローチは，その方の思考の枠組みに沿って知らない姿勢で聞くことを基本としています。しかし，まさしく「言うは易く行うは難し」が実感です。

〈ソリューションとの出会い〉

私が，ソリューション・フォーカスト・アプローチと出会ったのは，2007年に札幌で開催された第1回目のソリューションランドでした。2001年にWHO総会において，国際障害者分類が国際生活機能分類に

改定されました。それは、障害を『できない』という否定的な捉え方から、障害があっても『こうすればできる』といった、ポジティヴな捉え方に変換させるものでした。2006年には、介護支援専門員が立案する介護支援計画の表現方法をネガティヴなものからポジティヴに変えるよう指導があり、それまでの「〇〇のためにできない」と否定的に表現をしていたものを、ポジティヴな「〇〇したい」という表現方法に改めることになりました。

しかし、介護支援専門員が対峙する、多くの方は慢性疾患や認知症を抱えています。当事者や家族に対して、日常生活における困り事を聞きその解決策を提案していた状況から、いきなり「本当は、どんな生活をしたいですか？」と聞いても「そんなこと聞かれてもね」という状況に戸惑う日々でした。

そんな中での解決志向アプローチとの出会いでした。「その問題が解決したら、どんなふうになっていますか？」

かなり早い段階で訊くこの質問は衝撃的なものでした。

問題の解決に原因の追究は必要ない。解決したイメージを膨らますことで、リソースを探し、実現するスモールステップを見つけ解決に向かう。問題の状況を熱心に訊き、原因を追究していくことは、否定的な感情にうずもれてしまい、解決に向かう行動を止めてしまう。これらの考えは、それまでの私の認識とは大きく違うものでした。

現在、他の介護支援専門員にも解決志向アプローチの良さを伝えようとロールプレイングをしてみせることがあります。しかし、初学者は見ているだけでは、なんでそんな質問をするのか、雑談ばかりして何の意味があるのかと感じることもあるようです。問題の状況を詳しく聞くこともなく、いきなりどうなりたいのかと質問し、大概その時点では、そんなことが叶うわけなどないから困っているのにいったい何を訊くのだろうと見えているようです。

ソリューション・フォーカスト・アプローチでは、少しでも今よりましな状況とはどんな状態なのかと、まるで描写するように、しつこく訊いていきます。それでも難しい時は、なぜこんなに大変な状況なのに今までやってくることができたのか、それは何があったからできたのかと

訊いていく。そして，今話してみてどんなふうに気持ちが変化したかを確認していく。そうすると大概は話した前と後では気持ちが前向きになり明るく変化していることが多いのです。これは観察しているだけではなかなか理解することは難しく，実際にクライアントの役を体験しなければ，実感できないのがソリューションなのかもしれません。

　野球の千本ノックではないですが，ソリューションも繰り返しの練習なしには使えないというのが実感です。　　　　　　　　　　（木村靖子）

第10章

どこから手を付けますか？（ウェルフォームド・ゴール）

〈ウェルフォームド・ゴールについて〉

　ここまで読んだ方，また，ここまでのワークをいろいろ試みて来た方々は，SFA がおおむねどんな対話を行おうとしているのか，大体のイメージをつかめてきたのではないかと思います。

　面接が多少進んで，クライエントの可能性があれこれ見え，クライエントが理想としている未来の姿（ミラクル・ピクチャー）や方向性を聞くなど，ある程度の準備が整った段階が来たとします。もしその時点で，「では，明日から（今から），どんなことができるといいのか」がわかれば，クライエントは「そうか，そうなんだ，そうしよう，やってみよう」という気持ちになるかもしれません。そして，これまでひたすら悩んで動けなかったクライエントが，たとえ小さな行動でも，自らの望む解決に向かって，少しずつ動き出せる——少なくとも動き出せそうな気持ちになってくる——というところまで，できるなら何とか持って行きたい。それがセラピストの正直な気持ちだと思います。

　これは，たとえば医者なら，「できるだけ早く治って欲しい（治したい）」と望むことであり，心理的な支援者の場合も「もしも叶うなら，早く楽になって欲しい（楽にさせてあげたい）」と考える，おおむね私たちは，そのような思いを持って仕事をしているのではないでしょうか。

　しかしこういう場合に，セラピスト側が知らず知らず焦ってしまい，結果としてクライエントに負担のかかる目標設定をついやってしまった（それが後でわかった），というような痛い経験を，この手の仕事をして来た方なら，誰でも持っているのではないでしょうか。

第10章　どこから手を付けますか？（ウェルフォームド・ゴール）

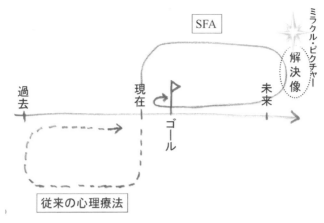

図13　SFA面接の「時間的な流れ」

　さて、そんな状況を説明するための絶好の図があるのでご覧ください[37]。今（現在）、図13の真ん中のあたりにクライエントとセラピストがいて、一緒に対話をしているわけです。そして、過去からは例外を見つけ出し、現在からはストレングスやリソースなどを探り出し、ぼんやりでも（はっきりでも）クライエントの「こうなりたい」「こういう方向へ進みたい」「これが解決した状態かな」など未来のイメージを共有しました。つまり、解決像（星がピカーと輝いている場所）がある程度見えているものとします。

　ここで解決像や理想が、はるかに遠く思えることはよくあります。深い悩みならばなおのこと、当然と言えば当然ですね。ですからSFAでは、未来の理想を描き出すだけではなく、できるだけ「次に何からならできそうか」「どこから手をつければいいのか」という当面の行動指針（旗が立っている所＝当面のゴール）を、面接の中で可能な限り明らかにします。それも、クライエントへの押し付け（ソリューション・フォースト＝ solution forced）にならないように気を配り、適切なものとなるよう調整していくことが大切で

---

[37] 「森・黒沢のワークショップで学ぶ解決志向ブリーフセラピー」森俊夫, 黒沢幸子　2002　ほんの森出版

す。

　このような，ちょうど適切な当面の行動指針のことを，SFA では「ウェルフォームド・ゴール」（well formed goal）と呼びます。直訳だと「いい姿形をしたゴール」ですね。私は日常的に，「ちょうどいい感じの目標」などとクライエントに説明することが多いです。これが得られれば，クライエントの生活に望ましい変化が起きやすくなるといわれています。ただし，ゴールなら何でも出てくればいいというものではなく，ちょうど良いゴールであるための条件がいろいろとあります（後で解説します）。また，このウェルフォームド・ゴールを共同作業で見つける作業を，ゴール・ネゴシエーション（goal negotiation，ゴールに向けた交渉）と呼びます。「交渉」と訳すと日本人的には物々しく感じられますが，きちんと調整することが必要という意味が込められているように思います。またここでのゴールとは，あくまで当面の，この次に目指したいものとお考え下さい。

　さて，たどり着きたい場所や，行きたい方向が決まったのであれば，「とりあえずどこから手をつけようか」という話になりますが，これがクライエント一人だとなかなかイメージできません（だから悩んでいるのです）。これを手伝っていくのがセラピストの仕事です。そのためには，ゴールがどのようなものであれば適切なのか，SFA の考え方を知っておくと良いでしょう。

〈良いゴールのための３つの条件[38]〉
① 大きなものでなく，小さなものであること。
② 抽象的なものではなく，具体的な，できれば行動の形で記述されていること。
③ 否定形ではなく，肯定形で語られていること。

　クライエントが「やっぱりできなかった」と自己否定的な経験を

[38]「森・黒沢のワークショップで学ぶ解決志向ブリーフセラピー」森俊夫，黒沢幸子　2002　ほんの森出版

第10章 どこから手を付けますか？（ウェルフォームド・ゴール）

重ねないよう配慮するためには，やはり①小さなものであることは大切です。また，「頑張る」とか「元気になる」などは，目的としてはいささか抽象的で，実際に何をすると良いのかわかりません。なので②も重要です。さて，③はどういうことでしょうか。実例で示しましょう。

「お酒を飲まなくなる」→×　（否定形）

「お酒を飲まなくなって，（その代わりに）毎日のように本を読んでいる」→○　（肯定形で具体的）

「お酒を飲まず，何か生きがいを持っている」→△　（肯定形だが具体的でない）

一言で言えば，「～しない」というのは非常に抽象的な目標で，達成の途上が判定できないということです。「～しない代わりに，～している」という形で，具体的な行為が入るほど，客観的にもクライエント自身にも達成が見えやすくなり，目標として適切だ（well formed）ということになるでしょう。簡単ですが，重要なポイントです。

では以下のワークで，ウェルフォームド・ゴール作りの感覚を，少しずつ身に付けて行きましょう。

〈ワーク〉 10-1　24時間のワーク（初心～）[39]

【グループワーク】

これは，ウェル・フォームド・ゴールが形作られていく途中の過程を，実際にクライエント役になって全員が体験するためのワークです。忠実にワークの指示をなぞりながら進めれば，それなりの体験が得られるように構成されています。

① 準備：全体を2つの組に分け，同じ人数になるように調整する。2人一組，二重円形で対面する。内側の全員がクライエント

---
[39] テリー・ピショー WS（ソリューションランド主催 2014.4.26-27）より（一部改変）

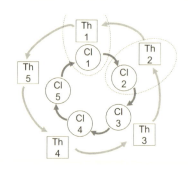

役，外側の全員がセラピスト役になる。クライエント役は，「自分自身のちょっとした悩み」を思い浮かべておく。輪の外側に1人，タイム・キーパーを置いても良い。その場合はSFAに少し慣れた人がやると良い。人数調整のためにタイム・キーパーは輪の中に入っていても良い。

② 以下の指示に従って，セラピスト役はクライエント役に質問をする。1つの質問が終わったら二重円の内側（または外側）の人が1人分移動し，輪がずれていく。（そうすると，次々にセラピスト役とクライエント役がずれて行くことになる。セラピスト側はストーリーを追えず，クライエント役の悩みが何なのかかなりわかりにくくなる。が，わからないままでよい。それでも相談が成り立っていくことを楽しんで欲しい。）

③ セラピスト役は以下の質問をクライエントにする。1問1〜2分くらいを目安にタイム・キーパーが，次に移るよう指示する。1問進むごとに，輪を1人分ずつずらしていく。

問1「問題は何ですか？」（クライエントは自分自身の小さな問題を題材にする）

問2「もし，問題が解決したらどうなっていますか？」（ここで，「〜がない」「〜しなくなる」等の否定的表現の回答の時は，「〜がなくなったら，その代わりにどうなっていますか？」「〜がなくなったら，今とどこが違っていますか？」等と聞き肯定的な表現で，可能な限り何か行動している状態を考えてもらう）

問3「その問題を解決するために，これまでどんなことをしてきましたか？」（続けて「それから？」「もう少し詳しく話してください」「他には？」（この質問を「常用句」と呼びます）など

第10章　どこから手を付けますか？（ウェルフォームド・ゴール）

と答えを詳しく聞いて，クライエントの頑張り・工夫などをコンプリメントする。また，セラピストは常用句を何回か繰り返して，できるだけクライエントの頑張り・工夫を出してもらう）

問4「それはどんな風に，あなたに役立ちましたか？」（＋常用句）

問5　スケーリング・クエスチョン（SQ）をする。

「1から10のスケールで，今日のあなたはいくつですか？」

「10はこうあって欲しい，1は考えられる最悪の状態として」

「どんなことからその数だと判りますか？」（＋常用句）

「どうやってその数になりましたか？」（＋常用句）

問6　リレーションシップ・クエスチョン（RQ）をする。

「問題が良くなると，あなたの生活にかかわる人で，誰がそのことに気づきますか？」

「その人は，さっきのスケールで今日のあなたのことを，いくつというでしょう？」

「その人がその数としたのは，あなたのどんなところを見たり，知ったりしたからですか？」（＋常用句）

問7「一週間から10日位後を想像してください」と言う。

「さっきのスケールでいくつであって欲しいですか？」

「その数になっていると判る時，何が違っていますか？」（＋常用句）

「その数になるのにどんなことをしたことが役にたちましたか？」（＋常用句）

問8「その数（問7の）に最終的にたどりつく可能性を少しでも上げるために，今から24時間以内にできる小さなことを，ひとつあげるとしたら何でしょう？」

④　いったん終了し，内外の役割を交換。全員が一度はクライエント役を体験するように行う。

⑤　問1〜問8を繰り返す。

⑥　全員が体験し終えたら，輪を崩してみんなで感想を共有する。

いかがでしたか？　もしもグループの中に初心者が多数の場合は，その方達がSQやRQのところでつっかえてしまうこともあるので，経験者は輪に入らず，お助けマンとして外から見ている方が良いかもしれません。困っている初心者に，こうすると良いとお手本を示してあげましょう。

さてこのようなワークで，1週間後に自ら設定したスケールに向けて，イメージを具体化しました。そこに重ねてさらに，24時間以内に取り組める具体的なことがもし見つかったとしましょう。それがつまり「ウェルフォームド・ゴール」です。それがクライエントには，動き出しのための大きなヒントになることが実感として理解できるでしょう。

【一人ワーク】〈一人でする24時間のワーク〉

ワーク10-1の③　問1～問8の質問をコピーします。別の紙と鉛筆を用意し，ゆったりどこかに腰を下ろして，自分の小さな悩みを一つ考えます。それについて，紙を見ながら順番に質問を自分に問いかけ，答えを書き留めて行ってください。さて，次の一歩が見つかったでしょうか？

〈ワーク〉 10-2　旅行代理店のワーク（中・上級）

【グループワーク】

このワークは，相談としてではなく，むしろ社交的なゲームとして楽しんで欲しいです。旅行に誘いたい代理店側と，旅に興味は多少はあるけれど，まだあまり本気ではないお客さんとの駆け引きを，お互いに演ずるというものです。

「旅の目的地がどこなのかを探すお手伝いをする」旅行代理店のワークですので，SFAに当てはめると，ここでは目的地＝すなわち理想像という図式になります。ゴール・ネゴシエーションの練習

第10章 どこから手を付けますか？（ウェルフォームド・ゴール）

として，セラピスト側（代理店の社員）にはどんな感覚が求められるのか，クライエント側（旅行を勧められる客の側）はどんな感想を持つのか，お互いに感じ考えながら体験してみましょう。

① 2人で一組になって全員が参加。クライエント役（通りすがりのお客さん）とセラピスト役（旅行代理店の社員）を決める。場面の設定を皆で共有する。以下のような設定。

状況の設定：キャンペーン中の旅行会社が，都会のまちかどにブースを設けました。お客さん（クライエント）は，たまたまそこを通りかかっただけなので，本気で旅行を申込みに来た人ではありません。代理店の社員（セラピスト）は，そこを承知で旅行にできるだけ誘いましょう。ゲームなので，粗品など渡すのもOKです！　代理店社員が最後に目指すのはもちろん契約ですが，無理をすればお客は離れてしまいます。なので，お客の反応を見ながら，名刺や旅行パンフレットを渡すか，連絡先を聞かせてもらえれば，ゲーム終了となります。頑張って会社の売り上げ増加に貢献しましょう。ただし，お客さん役の時は，純粋に気まぐれで反応してかまいません。その代わり，役を交代して全員やりますので，あまり極端なイジワルはナシにしておきましょう。

② クライエント側が準備すること：
・行きたい場所をイメージしてください，ただし，「なんとな～く」でいいです
・目的がはっきりあるのもOK，漠然でもヨシ，旅行嫌いもアリ（スケール：すごく行きたい＝10，行く気がない＝1の間でいくつぐらいかを自分で考えて，どこかにメモしておきましょ

う）。
- 代理店の人の質問には，無理に答えないでください。「わかんない」「さて」「さあねぇ」，無反応も OK です。
- 途中で気まぐれに，場所のイメージを変えてもいいです。お客なのでワガママにふるまっていいのです。気が乗らなければ，去るのもアリです！
- なかなかすぐには旅行には行けない理由を，次から次にあげてください。
- その代わりに，気が乗ってきたら，あなたの旅のイメージを膨らませてください！　楽しい旅を！

③　セラピスト側の準備すること：
- もちろん，契約を目指すのがセラピスト側のゴールですが，今回はたぶんそこまでは無理な条件です。
- すると，「旅に行くことになったら，この旅行会社に相談してみよう」という，いわゆるリピーターになってもらうことがセラピスト側の目的です。
- 最低限，会話した後に，ちょっとでもクライエントが旅をしたくなったかどうかを最後にスケーリングでチェックしましょう。

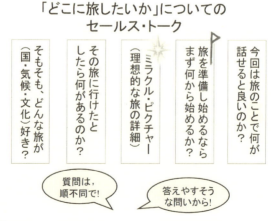

図 14

第10章　どこから手を付けますか？（ウェルフォームド・ゴール）

④　セールス・トークの経験のある人もない人も，想像しながら会話してください。旅行代理店の社員が，道で声をかけるところからはじめましょう。セールス・トークの例を図14に挙げました。旅の目的に近い話題から，気分的な旅への関心程度の話題までいろいろあります。順番は問いませんのでお客が答える気になるよう，あれこれ試しながら言いましょう。

⑤　10分程度でやめます。ここでお客の，旅に行きたい気持ちをスケーリングしておきます。

⑥　役割交代。また10分。

⑦　全員が体験したら，ワークをやめてグループで話し合いましょう。お客は，最初のスケーリングの数字を明かしてください。スケールが上がった，下がった，変わらなかった。それはどういうことで，などなど。

〈ワーク〉　**10-3　ゲーム性を高めた旅行代理店のワーク（上級）**

（家族面接に近い大変さを経験できます！）
【グループワーク】

　基本のやりかたはこの前にある「10-2　旅行代理店のワーク」と同じです。もしこのワークにグループ全体がやり慣れてしまったら，ゲーム性を高めて上級者向けに挑戦しましょう。場面をより複雑にしてある分だけ，家族同席面接のような意見の合う人合わない人の反応が混在するようなスリルを体験するかもしれません。

①　4人ずつのグループになります。ただし，お客（クライエント）は1人ですが，旅行を売り込む社員（セラピスト）を2人にします。また，売り込みの様子を陰から覗いている会社の上司を観察者（Ob）として加えますので，全部で4人のロールです。

②　それぞれの役割は基本的に，「10-2　旅行代理店のワーク」と同様ですが，一応書いておきましょう。

　・クライエント：もしかしたら旅にいけたらな〜程度のお客

- Th1：旅行代理店社員（中堅どころ）
- Th2：旅行代理店社員（新人，見習い中）
- Ob：旅行代理店上司（ただしここでは，セリフはなく，お客には直に関わらない。社員の仕事ぶりをビジネス・スマイルで遠くから見ているだけ。割引やオマケのし過ぎなど，会社の損害には"遠くから表情のみで反応"するのは良い）

③ 上司は口をはさみませんが，セラピスト（部下）のやり方とクライエント（お客）の反応を遠くからじっと見ています。セラピストは顧客獲得のために，粗品，ノベルティー，割引などある程度の自由裁量で出してかまわないことになってはいます。しかし，当然ながら会社に損害を与えることはできません。なので，上司（観察者）の顔色を見ながら，オマケや割引をすることになります。家族面接の状況にも似てきますよ！

話し合いは，まず4人で，上司役が音頭を取って始めるとよいと思います。

④ ロールが終わったら，感じたこと，考えたことなどをシェアします。お客役からはスケールの比較はもちろん，どの働きかけで心が動いたなどの情報，社員からはどこが難しかったか，こんな言い方もしてみたかったなど，面接で言えなかったが思っていたことなどを話してください。上司役は観察者として感じたことを話してあげましょう。その後全体シェアリングで各グループの様子を発表してもらいます。多分たくさんの笑いや嘆声が沸き起こることでしょう。

解説と注意

あえて相談面接の場面ではなく，旅行をセールスするというワークにしてみたのは，クライエントが気に入るような，そしてあえて小さな一歩を踏み出す気になるような"ウェルフォームド・ゴール"を，いかに調整するか，その難しさと同時に交渉の醍醐味を，味わって欲しかったからです。

お客さん（クライエント）が旅行に乗り気であれば，ゴールは

「旅行の準備をちょっとだけ始めること」になるかもしれません。具体的な行動としては,「半年先の休みを取れるかどうか勤め先で確認してみる」とか,「行きたい国のガイドブックを探しに行く」などでしょうか。ワークとしては「では,旅の相談をしたくなったらこちらへお越しください」と名刺を渡すところまで行くとベストです。

逆にそれほどお客さん（クライエント）が乗り気でない場合は,おそらくゴールは「旅行に行ってもいいような気分になること」ではないでしょうか。そのためには,「まずお金を貯めること」とか,「仕事に一段落つけること」「部屋をざっと片付けること」など,より具体的日常的なゴールが話し合えればそれで十分です。そして,「お客様の場合,まだ代理店に御用はないでしょうが,もしも旅のイメージについてご相談ありましたら,こちらにお電話ください」くらいの軽いゴールであるべきでしょう。

クライエントの都合や思い,あるいは生活状況に合わせるという意味では,ロールプレイながら興味深い体験ができるかもしれません。特にトップダウンで指示を出しがちな傾向のあるジャンルで働いているセラピストには,新たな感覚を掴む一助になるのではと思います。

〈第10章のまとめ〉――――――――――――――――――――

ウェルフォームド・ゴール作りのコツ
・千里の道も一歩から（その一歩が何かを,一緒に考える）。
・クライエントが知っている（理想と同様,ゴールもクライエントが知っている）。
・実際にやれる行為で記述（ほんのささやかなことでかまわない）。

〈コラム 実践編〉

生活保護のケースワーカーとソリューション

　生活保護の現場では、様々な障害や疾患あるいは事情のある方、暴力なしには生きて来られなかった方など、数多くの個別性の高い事例に出会う。また、生活保護受給者（以下「クライエント」という）との関わりの中で、"If I wasn't hard, I wouldn't be alive.（タフでなければ生きて行けない）"（フィリップ・マーロウ）的な世界とケースワーカーが感じる場合もある。

　私が生活保護のケースワーカーになったとき、担当地区への訪問を前に、問題とされたある世帯の引き継ぎを次のように受けた。「繰り返し求職活動を行うよう強く指導してきたが、全く指導に従わず、部屋にこもっている。求職活動もできないような病気なら病院に行くようにも指導してきたが、受診もしない。部屋はゴミ屋敷で、全くやる気が感じられない。厳しく指導してください」。30代の単身女性世帯ということで、年齢的には稼働年齢層（生活保護を受けるためには最大限の稼働能力の活用が求められる年代）であり、過去身体科の受診歴はあるが精神疾患の既往ははっきりしない。私は不安な思いを抱きつつ、初めての訪問に向かった。

　アパートのチャイムを鳴らし辛抱強く待つとガチャンという解錠音が鳴る。玄関に入りドアが閉まると室内は暗く、足を踏み出すたびに硬いものや柔らかいものが足先に当たる。本人の姿はなく、何とか廊下の先にあるドアを押すと、厚いカーテンがひかれており、足の踏み場もないくらいにモノで溢れていた。手探りでようやく何かに腰掛け、面接スタート。自己紹介に続いて「何かお手伝いできることはないでしょうか？」と話を切り出すと、驚いたような、戸惑ったような無言が続いた後に、ポツリポツリと質問に答えてもらえた。これまで何度も自信を失ってきたというのがその内容であった。

　生活保護の現場でもスケーリング・クエスチョンは有効である。ケー

〈コラム　実践編〉生活保護のケースワーカーとソリューション

スワーカーにとっても、クライエントにとっても、どこまで目標に近づけたのか確認ができ、具体的な生活の変化などを数値を介して言語化し、イメージも共有できる。この事例でも「どん底を0として……」とスケーリングをおこなったところ、回答は「1」。「いままでどんな努力や工夫を重ねてきたのでしょうか？」「2になっていると何が違っているでしょうか？」「そのほかには？」と沈黙も大切にしながら聴いていくと、少し改善したと思えるときの変化は「部屋がきれいになっている」とのこと。今はゴミ屋敷のようになっており、再度失敗し自信を喪失しては元も子もないため、小さくとも実現可能な目標を2人で探した。最終的にクライエントと一緒に設定した目標は「ごみの収集日を確認してみる」というものだった。暗さに目がなれたころ、私は部屋を後にした。

3週間後に再度訪問。玄関ドアをあけた私は心底驚いた。モノに占拠されていた廊下はその跡もなく、閉め切られていた厚いカーテンはしっかりと開かれ、室内からは大量のゴミが魔法のようになくなっていたからである。光が差し込む明るい部屋で会うクライエントは、全く別人のように見えた。どうやってこんなことが可能になったのかを聴いたところ、「最初は曜日ごとに何を捨てられるのか確認していただけでしたが、何となく少しくらいなら私にも出来そうに思えたので」ということだった。

スケーリング・クエスチョンを使用した印象深い事例として、もう一つ紹介したい。

そのクライエントは、パニック障害を主病名として精神科医療機関に通院している30代の女性。母子世帯であり、小学校高学年の長男と低学年の次男との3人世帯。最近は仕事も長続きせず、求職活動も思い通りにならず、自信を喪失し落ち込みぎみの状況が続いていた。その日は、訪問するとクライエントのほか子どもたちとも一緒に面接することができた。

まずは長男に母親についてスケーリングを実施。「お兄ちゃんから見て、お母さんの調子がよくない、本当に大変そうだなというときを0としたら今何点かな？」と質問したところ、「40点」とのこと。続けていくつかの質問を行った後に次のように聴いてみた。「その点数はこれから

きっと上がってくると思うのだけど,例えば,40点から少し上がったとしたら何が違ってくるのかな?」。すると「もっと早く(呼びかけに)答えてくれる。前はパンパンという感じで早かったんだ」と教えてもらうことができた。次に,自分にも質問してほしいという表情をしていた次男に対しては,「じゃあ,お母さんが今と比べてちょっと変われるとしたら,どうなってほしいかな?」と聴いてみたところ,「前みたいに,もっと笑顔がね,いっぱい増えてほしい」とその思いを知ることができた。私はこれら子どもたちの回答に対するクライエントの反応をさりげなく確認しつつ,時間を置かずクライエントに「ですって」と返したところ,嬉しさと前向きに頑張る決意,何より子どもたちへの深い愛情を感じる表情で何度も頷いていた。

　生活保護の実施機関は,クライエントの自立を目指し,組織として援助方針を立て指導指示を行っていくが,ケースワーカー側が専門家としてクライエントに代わり解決策を絶えず見つけ出し,援助や指導を続けていくというのは,双方にとって非効率であり,不幸でもある。

　過去に色々なことがあったとしても,生活保護の現場で出会うクライエントは,目の前にいるというだけで,厳しい現実を生き抜いてきた力を持つ,彼(彼女)ら自身の専門家である。時にはいいところなど一つもないのではないかと途方にくれることもあるかもしれないが,虫めがねでも顕微鏡でも使う気持ちでリソースとなる部分を探すと必ず見つかるものである。少なくともケースワーカーとの関わりの中でコンプリメントできる出来事や振る舞いは,新たに創出可能である。

　ケースワーカーは,クライエントがクライエント自身にとって有益な変化を起こせるということを楽観的に信じ,解決への一歩を踏み出せるように粘り強く目標と変化,取り組みへの賞賛と敬意とを,言葉と態度で示し,共有し続けることが大切である。それはクライエントが長い人生を歩んでいく過程で,前を向く勇気を生み出すことに繋がる可能性を秘めている。そして,クライエントにとって有益な変化とは,ケースワーカーや制度の趣旨からも有益なものとなることがほとんどである。

　ソリューションが生活保護の現場でクライエントに変化をもたらし,ケースワーカーの負担も減らせることを,私は多くの事例で経験するこ

〈コラム　実践編〉生活保護のケースワーカーとソリューション

とができた。法令，制度，行政組織といった固い枠組みの中においても，ソリューションは工夫次第で十分に活用可能である。

　そのためにも，技法や質問方法だけではなく，ソリューションの根本にある考え方（例えば，クライエントの思考の枠組みや解決への歩みを信じる，どのような状況でも解決は可能，変化は必然といった考え方）を理解することが重要である。そうすることで，多くの場面において柔軟な対応が可能となるだけではなく，生きとし生けるもの皆が優しさをもって生きていけるよう支え促すようなソリューションとなる。"If I couldn't ever be gentle, I wouldn't deserve to be alive.（優しくなければ生きている資格がない）"（フィリップ・マーロウ）

（森本義貴）

第 11 章

どの質問をどんな順序で？（面接の流れ）

　SFA の質問には，どれをどの順序で使わなければいけないという決まりはありません。お互いに絡み合って使えるので，スケーリング・クエスチョンの中で関係性の質問を使う，ミラクル・クエスチョンの中でスケーリングや関係性を使うことがよくあります。

　でも，SFA を勉強中の人からよく言われるのは，「個々の質問のやり方は一応わかった，でも面接のどの部分でどれをどう使えばいいのかわからない」ということです。いつミラクル・クエスチョンをしようかとそればかり考えていて，クライエントの話をよく聞いていなかった，などという笑えない喜劇も起こります。

　面接で難しいのは全体の流れなんですね。どの流派の面接であろうと，ベテランの面接者はすいすいと流れに沿ってクライエントを案内してゆきますが，初心者は案内どころか自分が道に迷ってウロウロしがちです。でもその部分は経験にゆだねられていてなかなか伝えられません。ところが私たちは SFA の研修講座をやりながら，これについても案外やさしく伝える方法があるのではないかと思いつきました。そのワークをこの章で 2 つお見せしようと思います。

〈ワーク〉 11-1　役割分担で面接を解剖する（中・上級者の許で初心〜）

【グループワーク】
やりかた
① 所要時間 60 〜 80 分
② 5 人グループをつくる。半端になるときは 4 人のグループがあ

ってもよい。
③　グループ内で役割を決める。
　　Cl.（クライアント）役……………………1人
　　Th1（傾聴係）……………………………1人
　　Th2（リソース係）………………………1人
　　Th3（ウェルフォームド・ゴール係）…1人
　　Th4（メッセージ係）………1人（4人のグループならTh1〜
　　　3の誰かがこれを兼ねる）
④　クライアントとTh1とが向かい合って面接開始。Th2〜Th4はTh1の後ろか横に位置し発言せず見守る。Th1は導入のコトバ（次節「面接の基本型」の資料参照，17頁）から入り，関係づくりを考えながら，知らない姿勢（3章参照）で，相手のキーワードを拾いつつ（7章参照）質問し，クライアントの悩みをしっかり傾聴する（5，6分……無論大体の目安である）。

　充分聞いたと思ったら「わかりました。〜が〜なので，お困りなんですね（大変ですね）。で，その問題が解決したらどうなっていますか？」と，ゴールについての質問をしてクライアントが答えたところでいったん中断。
⑤　シェアリング1．いったん役割を解き，クライアントは自分の悩みが十分話せたか，質問は適当だったか等の感想を話す。Th2〜4は見ていて感じたこと，こんな質問をしてみたら？（クライエントにその答えを聞いてみてもよい）等を発言，Th1は面接中に考えていたこと，感じていたこと等を話す（5〜7分）。
⑥　Th1に代わりTh2がセラピスト席に座り，同じ面接者が続けて面接しているという設定で面接再開。Th2は，これまでの面接の中でクライアントが話した事や，新たな質問（例えば得意な事，楽しい事，ホッとする時，あるいはこれまでその問題の解決のためにどんな努力をしてきたのか等）によって，クライアントのリソースになりそうな部分を探し出し，詳しく聞き，コンプリメントする（5分）。
⑦　シェアリング2．クライアントから，フィットしたコンプリメ

ント, しなかったコンプリメントはどれか, このことをほめてもらいたかった等の感想を話し, 他のメンバーもシェアリング1と同様に発言 (5〜7分)。
⑧ Th3と交替して面接再開。Th3は, ④の終わりにクライエントが答えたゴールについての答を確認し, ゴールが明確になるようにさらに詳しく聞いてゆく。そうして, 明日から出来る第一歩 (10章参照) は何かという視点で質問してゆく。ここでスケーリング・クエスチョンを使って1つ上の数字になったら何をするか？ と聞いてもよい。ひと通り聞いたら「そろそろ時間が近づきましたのでここで一旦休憩を頂いて, 皆で相談しながら今日のお話をまとめ, その後で私たちの考えをお話しします。その前にどうしても話しておきたいことがありますか？」と聞き, なければそのまま, あればそれを聴いてから, 一旦面接を中断する。
⑨ セラピスト全員でフィードバック・メッセージを考え, メッセージ係りが書き留める。クライエントは聞いていないという設定だが, クライエント役は話合いには参加しないが, 近くで聞いていてもらう方が良い (15分〜20分)。
(メッセージの作り方については第12章で詳しく述べる。)
⑩ メッセージ係がセラピスト席に行き,「お待たせしました」と言ってメッセージを伝える。クライエントはそれに適宜応答し, 終了。
⑪ 全体シェアリング。

グループが複数ある時は, 進行はグループごとになるが, 全体のファシリテータが, ④⑥⑧の前で「そろそろ始めてください」と声をかけるとよい。⑨のメッセージ作りの時間を長めに取り, 終ったグループから実際の休憩を取ってもらい, ⑩メッセージ伝達は全体で, 順番にグループごとに前に出て行う。その場合はクライエント役が, ごくかいつまんで自分の悩みの内容を全員に説明してから始めると分り易い。
なお, コンプリメントはTh2だけの役割ではなく, 他のセラピ

スト役も思いついたところでどんどんコンプリメントするよう伝えておく必要がある。

参考までに私たちの実践講座のレジュメを載せておきます。

『役割分担面接』初心者のための詳細な質問例

(実践講座配布資料)

○ セラピスト①　導入＋傾聴係の面接

　セラピスト①は導入のコトバから入り、クライエントは問題を話し、セラピストは聴く。問題を掘り下げるのではなく、クライエントの言葉を拾いながら、知らない姿勢で、自然な共感を示しながら。

　問題の話（problem talk）ばかりで疲れた時、は「で、どうなればいいんでしょう？」と聞くとよい。

　十分聴いた、あるいは質問が思いつかなくなったら、または6、7分経過したら交替。その前に、できればこの質問（どうなればいいんでしょうか？……）をしておいてほしい。

○ シェアリング①

　ここまでのクライエントの感想（充分聞いてもらった感じがあるか、こんな質問をしてほしかった等）、セラピストの感想（ここで困っていた、ここで迷っていた、こんなことを感じていた等）、他のメンバーからの意見（こんな感じだった、こんな質問したらどうだったか？）（10分）。

○ セラピスト②　リソース係の面接　質問の例

　「～が～でお困りなんですね。大変だと思いますが、この点だけはまだ良いなとか、これだけはできているな、ということは何でしょうか？」

　「その問題の解決のために、今までどんなことをしてみましたか？」

　「その中で少しでも効果のあったことはどれでしょう？何が良かったと思われますか？」

「最近でその問題が起こりそうで起きなかったり，少しでもマシだったことがありますか？ その時は何が違っていましたか？」

「つかぬことを伺いますが，あなたの得意技はどんなことですか？」

「どうやって毎日をやり過ごしているのですか？」等

答えが出たら必ずコンプリメント！（いちいち「スゴイデスネ」と言わなくてもよい．何らかの反応を示す）

○ シェアリング②

クライエントの感想，セラピストの感想，他のメンバーの意見。

○ セラピスト③　ウェルフォームド・ゴール係の面接

まず解決のイメージを聞く（またはすでに話されたイメージの確認）。

「で，どうなればいいのでしょうか？」「そうなったら今と何が変わってきますか？」

「この問題がすっかり解決したら，あなたの生活はどんな風になっていますか？」

ミラクル・クエスチョンもあり。続けて，ゴールのイメージを明確にし，次に踏み出せる一歩を探す。

「その問題が少しずつ良くなっていく場合，最初にどんな違いに気づくでしょうか？」

「とりあえずこのことだけでも変わればいいなと思うこと，まず変えられそうなことはどれですか？」　スケーリング・クエスチョンもあり。

最後に「これから休憩を取って私の考えをまとめたいのですが，その前にお話しになりたいこと，私がお聞きしておいた方が良いことがあれば話しください」（あればそれを聞いて）休憩に入る。

第11章 どの質問をどんな順序で？（面接の流れ）

解説と注意

　面接を道案内のアナロジーで考えてみます。ゴールに辿り着きさえすればどの道を通ってもよいとも言えますが，天候とかお客さんの状況や好みにより，最短距離がよいか，散歩を楽しみたいか，山道，水辺の道などと決めることになりますね。面接ではどうでしょう？　思い切り愚痴を言いたい人ならまずそれに付き合うこと（ペース合わせ）が必要です。でもそれを聴くだけで終わってはクライエントが先に進めません。最終的にはクライエントの目指すゴールを見つけ，第一歩のめどがつくところまで案内するのがSFAの案内人です。

　SFA面接でやっていることは何か，大切なポイントはどこなのか？と考えると，結局，「リソースを探すこと」と「ウェルフォームド・ゴールを見つけること」ではないかと思います。でも，だからといって，「問題を聴くこと」をおろそかにしてしまうと，クライエントを戸惑わせ，「変な質問ばかりして悩みを全然聞いてくれなかった」ということになりかねません。ウェルフォームド・ゴールに辿り着くためには，その前にもっと漠然とした「解決イメージ」を描いておく必要もあります。そもそもその前に信頼関係ができていなければ話になりません。

　そこで私たちが考えたSFA面接の最大公約数的道筋は〈導入－傾聴－ゴールの展望－リソース探し－ウェルフォームド・ゴール探し－休憩後フィードバック・メッセージ〉というものです。そのことを面接の流れとしてはっきり意識してもらうために，初回面接におけるセラピストの役割を分割してみたら？と考えました。

　以前は，「面接の解剖」と名付けたワークをしていました。これはロール面接の所々でファシリテータが中断し，クライエントの意見とセラピストの悩みを聞き，フロアから次にする質問を募り，クライエントが答えやすい質問を選ぶ，というものです。途中でクライエントの意見を聞いて流れを修正できる点と，セラピスト役のどっちへ行ったらよいかという迷いを口にできるのが好評でした。ただ，どこで区切ると良いのかが判断しづらいという難点がありまし

た。

　この2つを合体して，面接の流れを意識してテーマごとに区切りながら，「面接の解剖」をしてみてはどうかと考え，出来上がったのがこの形です。

　受講した人たちからはわかりやすい，やりやすい，一人で実際の面接をする時も面接の流れが少しつかめてきた，と言われました。

　一通りSFAの原理や個々の質問について学んだ後の総仕上げとして，またはある程度SFAの実践経験のある人たちの勉強会や研修で使っています。Th1〜3の役の中でミラクル，スケーリング，関係性の質問などを使う人もいます。初心者やまったく知識のない人達にはちょっと難しいかもしれません。その点，次にあげる「面接の型」は，少し長目の研修の最後の仕上げとしても使える一方，まったく基礎のない人達の一回きりの研修で使ってもよいという便利さがあります。

〈ワーク〉 11-2　面接の基本形（型）（中・上級者の許で初心〜）

【グループワーク】

　私たちの勉強会が開催している研修会では，「型から入るソリューション」と称して，「面接の基本形」を作り，それに沿った面接のワークを行っています。このワークは，ここまでに紹介した質問をつなげた総仕上げ的なワークです。

　SFAの面接の基本的な要素を盛り込んで，初回面接の流れを体験してもらうものです。まず，この型を練習することで，SFA面接のやり方をマスターしてもら

い，最終的には，この型から離れ，型に縛られることのない自分なりのSFA面接を作って行ってもらいたいということです。なので，最初は，ぎこちなくとも極めて不自由でも，原則的にこの型通りに面接してみてください。何度もやってみて，だいたいこの流れでできるようになったら，自分流に変えて行ってください。また，時々，この型に戻ってやってみると，自分の面接の癖や特徴を自覚することができるでしょう。

「ワーク11-2　面接の基本形（型）」の配布資料を参加者全員に配ります。

① グループ分け，説明を除いて，1回通して約30分〜40分です。3人一組で，3回通しになりますので，全体で100分〜120分になります。
② ファシリテータ（タイム・キーパー役が主です）1人
③ 3人一組（セラピスト役，クライエント役，観察者）で，役割を交代して全員が全ての役割をします。2人一組（セラピスト役，クライエント役）でも可能ですが，観察者役をしていて気づくことがいっぱいあるワークなので，観察者役を置くことを勧めます。
④ グループ分けする前に，ロールでクライエント役をするときに相談する深刻ではない自分自身の問題を考えておいてもらう。なるべく，自分自身のちょっとした小さな問題にした方がよい。どうしても思いつかない場合は，これまでに自分が受けた相談でもよい。
⑤ セラピスト役の人は，レジメに書いてあるセリフをほぼ忠実に話してほしい（ここでは，あくまでもSFA的な面接の練習なので，普段の自分のやり方ではしないようにする）。
⑥ グループ分け，役割分けが終わったら，ファシリテータは，⑦〜⑫のように指示し，時間を切って，次の質問に移るように指示して進行する。時間は，面接の様子や全体の進行状況によって調節する。

〈配布資料〉ワーク 11-2　面接の基本形（型）

注：「コンプリメント」に関しては，適切と思うところでは，どんどん入れること

1　あいさつ
・こんにちは，私は……といいます。あなたのことをなんとお呼びしたらよいでしょうか？　では，○○さんとお呼びしますね。今日は，（だいたい__分位）お話をお聞きした後，お話の内容を考える時間を少し（だいたい__分位）いただいて，そのあと，まとめのお話をするという手順でやりたいと思いますので，よろしくお願いします。

2　問題の概要を聞く
・では，○○さん，今日はどのようなことでご相談にいらしたのですか？
　（○○さんが使う表現（言葉）を使って相談内容（○○さんの気持，感情ではなく）を確認すること！
　　真剣に聞くこと，だだし，「□□のことで」程度の概要を聞き「問題」の詳細を突っ込んで聞く必要はない。○○さんが話すに任せる。特に「原因」の話は突っ込まないこと）
〈メモ欄〉

3　（「□□のことで」が判ったら）何を望んでいるか聞く
・□□のことでご相談にいらしたんですね。それでは，○○さんが，「ここでお話をしてよかった」と思えるためには，ここでお話ししたことで，何がどんな風になればいいでしょう？
　（□□は○○さんの表現を使うこと。この質問は，ちょっと意表をついた答えにくい質問なので，回答まで少し待つ。当事者が何を望んでいるのかを確認，この段階ではあまり突っ込まなくてよい）
〈メモ欄〉

第11章 どの質問をどんな順序で？（面接の流れ）

4 問題へのこれまでの対応を聞く
・○○さんが困っていらっしゃる□□を解決するために，これまでどんなことをしてきましたか？
・それはどんな風に役立ちましたか？
・それから？（もう少し詳しく話してください）⎫
・他にはありませんか？　　　　　　　　　　　⎬ 常用句
（詳しく聞く，頑張り・工夫などをコンプリメントする，解決に役立ちそうなこと（リソース：解決のかけら）を探す）
〈メモ欄〉

5 例外を聞く（4と同じく解決の「かけら」探しをするつもりで聞く）
・これまでに，お話しされた□□□がほとんどなかったことやそれに近いことはありましたか？（常用句）
・その時は，何がよかったのでしょう？（常用句）
・お話しされた□□□が，起きそう（なりそう）なのに起きなかった（ならなかった）時のことを思い出して話して下さい。（常用句）
・その時は，なにがよかったのでしょう？　何が違っていたのでしょう？（常用句）
（その具体的な状況を話してもらう，頑張り・工夫などはコンプリメントする，リソースを探す）
〈メモ欄〉

6 ウェルフォームド・ゴールを聞く（その1）
・もし，○○さんの□□□□が解決したとすれば，どうなっていますか？（何が違っていますか？　具体的に何がどう変わっていますか？（常用句））
（少し，しつこく，繰り返し聞く，解決した時の肯定的で具体的な状況を話してもらう）
〈メモ欄〉

7 ウェルフォームド・ゴールを聞く（その2）
　これまでの話に，当事者にとって重要と思われる配偶者，子ども，両親，友人の☆☆さん，ペット……が出てきていた場合，次の質問をする（リレーションシップ・クエスチョンでウェルフォームド・ゴールを聞く）
・もし，○○さんの□□□□□が解決したとして，その時，☆☆（さん）から見ると，○○さんのどこがどのように違っているように見えるでしょう（違っていると言うでしょう）？（常用句）
（少し，しつこく，繰り返し聞く，解決した時の肯定的で具体的な状況を話してもらう）
〈メモ欄〉

8　スケーリング・クエスチョン（4，5と同じくリソース探しをするつもりで聞く）
・○○さんの□□□□□が最もひどかった時を0として，だいたい解決している状態を10とした時，現在はいくつですか？（回答が△なら）どういうことで△なんですか？（常用句）
・△＋1になった時，何がどのように違っていますか？（常用句）
（どんな小さなことでも構わないので，具体的な違いを聞く，もし，答えが0とかマイナスならば「そうですか……そういう状況でも何とかやっていらっしゃるようですが，どうしてそうできるのですか？」とコーピング・クエスチョンを使う）
〈メモ欄〉

・いろいろとお話いただきありがとうございました。これから，少しお時間をいただき，今日お話しいただいたことをまとめたいと思いますので，ちょっとお待ち下さい。

9　フィードバック・メッセージ（面接の終わり）
　①　面接の中で，明確なゴールとそれへ近づく（できるだけ小さ

> くて実行可能と思われる)具体的方策が見つかった時,その方策(当事者の言葉で,具体的に表現する)をやってみるよう提案(行動課題)
>   ② 上記以外の時,次回面接までの間,少しでも解決に近づいていると思える出来事がないか観察し,次回そのことを詳しく教えて欲しいと提案(観察課題)
> ・コンプリメント(ゴールに向かう頑張り・工夫などをコンプリメントする‐ゴールが見えない状況での努力も)
> 〈メモ欄〉
>
> ・ブリッジ(提案の理由づけ)
> 〈メモ欄〉
>
> ・提 案
> 〈メモ欄〉
>
> 10 次回の予約

⑦ 「レジメの1から3まで続けてロールしてください。約5分です」

なお,「呼び方を聞く」のは,「クライエントのことはクライエントに聞く」という「知らない姿勢」です。

⑧ 「時間です。きりのいいところで,レジメの4の質問に移ってください,5も続けてロールしてください。約5分です」

なお,「常用句」なんて言い方はあまり聞かないですが,クライエントの話を深く,詳しく聞いていくやり方としてよく使います(第7章参照)。

⑨ 「時間です。きりのいいところで,レジメの6の質問に移ってください,7も続けてロールしてください。約5分です」

⑩ 「時間です。きりのいいところで,レジメの8の質問に移って

ください。8の質問の後，レジメにあるように，休憩時間を取って『フィードバック・メッセージ』を考えてください。約5分です」

⑪ 「時間です。きりのいいところで，レジメの9の『フィードバック・メッセージ』を伝えてください。約5分です」

⑫ 「時間です。面接を終わって，3人でお互いの面接を振り返ってください。約5分です」

「聞かれてよかったこと」「あまり聞いて欲しくなかったこと」「上手く聞けなかったこと」など，をお互いに確かめてみてください。観察者の人は，2人の面接で気づいたことを話します。

⑬ ⑦〜⑫までを，あと2回繰り返し，全員が全ての役を体験します。

⑭ 全体で，感想の交流をします。

解説と注意

最初はあまりうまく行かないかもしれません。私たちの勉強会でもSFAをはじめたばかりの人は，スムースにはできないことがほとんどです。経験者でも，どことなくぎこちなくなってしまいます。しかし，何回か繰り返していくうちに，SFA面接の流れを覚え，配布資料を見ないでもスムースにできるようになります。練習で何とかできるようになったら，一部分だけでも実際の面接で使うことにチャレンジしてみてください。知り合いに相手役を頼んでやってみるのもよい方法です。

ワークの時間配分は，あくまで全体の進行を合わせるためのものです。実際の面接では，必要に応じて長さや質問の順序が変わりますし，場合によっては，使わない質問もありますし，別の質問をすることもあります。というか，この「定型」など忘れて，自分自身のSFA面接を作っていただきたいです。型から入って，型を捨て，自分のやり方を見つけることです。

〈第11章のまとめ〉

・面接の流れ（傾聴－リソース探し－ウェルフォームド・ゴール）を意識するべし。
・今、自分がどこにいるか、つまりどんな目的でクライエントの話を聞いているか、常に自覚していること。
・型から入って、型を捨てる。

〈コラム　理論編〉

ソリューションとオートポイエーシス

　システム論をきちんと学んだわけでもないので，どこまで自分がわかっているのか心許ないのだが，長年 SFA を現場で使ってきた感触として，オートポイエーシスの考え方とソリューションは非常に相性がいいなと思っている。

　と突然話を振られても，システム論？　オートポイエーシス？　何じゃらほい？　と言う読者もいるかもしれない。システム論とは，生命現象や社会あるいは意識（心），その他いろいろな森羅万象の在り方が，どんな風なものがどのように作動しているのかを，システムとして捉えようとする――少なくともそう努力する――学問の一分野だ。オートポイエーシスはそのシステム論の中でも第三世代と呼ばれる，歴史的には新しいがまだまだ未完成でもある考え方だ。システム論それぞれに，現象を説明する作法に特徴がある。中でも，第一・第二世代のシステム論では，外からシステムを観察して説明し，それでこと足れりとしていた部分を，オートポイエーシスでは"観察する立場"と実際にその"システムの中で動く立場"は全く異なると考える。

　その違いは，たとえばこんな例で説明される。蟻や蜂は立派な巣を作り上げるけれども，どこかに図面があって，その設計図に従って巣を作っているのではないだろう。彼ら独自のやり方とは，どんなものだろう。おそらくは，一匹一匹の蟻や蜂は単純なルールで受け渡し作業を繰り返しているだけなのだろう。だが，それで自ずと十分なもの（居住空間，あるいは建物としての巣）ができあがる。そのような何らかの十分なルールがあると考えられる。けれども，DNA のレベルに何かルールや命令が書いてあるのだとしても，やはりそれは一匹一匹の蟻や蜂が，全体の設計を参照しながら働いていることとは違うだろう。それでも結果的に巧みな巣ができてしまう，それが生命現象のすごいところだ。ここで，「設計図に沿った作業→巣（建物）」という流れを〈ルール1〉と

〈コラム　理論編〉ソリューションとオートポイエーシス

して，蟻や蜂の作業のような「受け渡しの連鎖→巣（建物）」という流れを〈ルール2〉とする。

ごく簡単に言えば，オートポイエーシスとは，〈ルール2〉だけがひたすら作動することでシステムが成り立っているという考え方だ。細胞が細胞として生き続けたり，社会が社会として回り続けたりする〈ルール2〉だけのシステムの成り立ちを，なんとか人間の言葉で記述しようとしているのがオートポイエーシスだとも言える。「そんな単純なことだけで森羅万象が説明できるのか？」と疑う方もいるだろうが，むしろオートポイエーシスの考え方を応用することで，さまざまな現象を説明するだけでなく，これまで見えて来なかった現象のある側面に気づき，取り組み，深めて行くきっかを持つことができる。たとえばリハビリテーションの領域へは理論的貢献がそろそろ射程距離内に入ってきており，[40]個人的には関心を持たずにおれない（ただし道は平坦でなく，先も長そうではある……）。

話をSFAに戻そう。ソリューションは，個人を対象にしても家族を対象にしても，あるいは時には集団療法的な場面でも使えるが，（場面ごとに応用の工夫はそれぞれあるにしても）基本原則が変わらないところが，先の〈ルール2〉に親和的に思えるがどうだろう。そういえばドゥ・シェイザーは，「The death of resistance（治療抵抗の死）」という論文の中で，家族をシステムとして捉えるのか，家族療法そのものをシステムとして捉えるのか，という観点で語っていたのを思い出す。言うまでもなくSFAでは，後者の考え方を取っている。端的に言うと，インスーがよくワークショップで「相手を変えたいなら，まず自分が変わる」ことの大切さを教えていたが，これは治療者もシステム中のパーツの一つであるという考え方から来ている。つまり，「家族というシステム」と考える視点を取った瞬間にすでに，治療者が家族を外から眺めて〈ルール1〉で発想してしまうという事態に陥ることを言い表しているのだ。そうではなく，治療者も「家族療法というシステム」の中に入って

40　「損傷したシステムはいかに創発・再生するか　オートポイエーシスの第五領域」河本英夫　2014　新曜社
　「発達とは何か　リハビリの臨床と現象学」人見眞理　2012　青土社など

いて一緒に動いていくうちに，システム全体に変化が起きるのであれば，むしろ〈ルール2〉が重要だ。治療者に対するCIの言動を"抵抗"と捉える必要は全くないどころか，むしろTh側の仮説が間違っていると主張するドゥ・シェイザーのこの論文には，オートポイエーシスという言葉は単語としては一切出てこない。だが，私には似たようなことを言っているように感じられる。

ところで，「相手を理解するという変化を，まず自らに起こすべし」という智恵は，それこそ格言のひとつとして日めくり暦に書いてあっても不思議でないくらいに，ある意味で，世界中どこにでもありそうな普遍的な世間知ではないだろうか。「どこかで聞いたような台詞だなあ」と誰もが思うだろうし，初めて聞いた気がしない。人間の智恵の古層には案外，ソリューション的な発想があちこちに散りばめられている。それを無駄なく集大成したのがSFAだという言い方も，一つの説明としてはアリかなあと思っている。

さてこの，〈ルール2〉のような原則を貫き通すということは，ちょっとだけなら誰でもできる。だから，そういう意味ではソリューションは決して難しくはない。だが，じっくり長く，たとえどんな局面でもぶれずに続けていくことは，（現場を持っている人なら誰でもわかるだろうが）一言ではいえない難しさがある。上手なペンキ塗り職人が仕上げた壁を見れば，ムラがなく均一なので綺麗に見える。それはともすれば簡単そうな行為に思われる。しかし，そもそも最高の技術を身につけた人の行為というものは，一般に，はたから見ると簡単にやっているだけに見えがちなものではないだろうか。実際にペンキ塗りをしてみて初めて，その難しさが実感される。そういえばインスーは，日本の漆器塗りの技術を例にして，「シンプルさを貫くことが大切だが難しい」と言っていたのを思い出す。

つまるところ相談の中において，"困難な場面"と一口で言っても，その中身，それをどう乗り切るかも異なれば，CIによって，分野によって，タイミングによって，ひとつとして同じ局面はない。だから，あちこちに智恵と工夫が求められる。ソリューションは技法としては，そんな風に洗練されていくのだなぁとイメージしてみると良いのではないか

〈コラム　理論編〉ソリューションとオートポイエーシス

と思う。だから，怖れずにやれるところから初めてだんだんと丁寧に上手になって行けばそれでよい。何もしないで考え込んでいるより，試み，練習することで，確実に上達していく。

　この他にも SFA には，オートポイエーシスと接続できそうな発想が，随所にあるように私としては思う。ドゥ・シェイザーが言っていた，「コミュニケーションには上手く行く誤解と，上手くいかない誤解しかない」という発想は，コミュニケーションという構成素が回り続けている状態そのものが社会であると定義する，ニクラス・ルーマンの社会学とかなり重なってくる。また，ウェル・フォームド・ゴールとは何かを，オートポイエーシス的に記述することも可能に思える。以下のような感じか。まず，ウェル・フォームド・ゴールとは Cl が解決に向けて次にできそうな（可能性のある）行為を，どうやって Th と Cl が協働して見つけ出し，それを現実の中で Cl に行為してもらうかという発想だ。ならばこれは，コミュニケーションという構成素を回して，すなわち解決構築という文脈の社会的なオートポイエーシスを通じて，Cl の行為の連鎖という別のオートポイエーシスの中で，次の新たな構成素（＝解決に向かう可能性のある新しい行為）にどうつなげていくか，という言い換えができる。SFA でよく言われるフレーズのひとつ，「やってみないとわからない」という考え方も，とてもオートポイエーシス的だと思う。あるシステムと別なシステムが影響を与え合うことはもちろんあるが，システムはそれぞれに入出力なく独立して作動しているため，関数のように互いの影響を「こうなれば，こうなる」と一義的に決定できない（とオートポイエーシスでは考える）。これは，ある Cl の行為の変化が，家族や他の人とのコミュニケーションにどんな影響を与えるかは「やってみないとわからない」と考えることと，ほとんどパラフレーズになっているように思われる。

　ソリューションとオートポイエーシスの親和性については，正直まだ書きたいことがあるが，読者を煙に巻きたいわけでもない。また，システム論の専門家から見て私の考えがどうなのかもわからない。なので，ここらへんでやめておこう。最後に，ネットで少し検索してみただけなのだが，イブ・リプチックが SFA とオートポイエーシスのことに少し言及している文章を見つけた。やはり同様の思い付きはあるのだな，と

いうことまではわかった。私も，もう少し自信を持って語れるよう，学ぶことを続けたい。　　　　　　　　　　　　　　　　　　　（阿部幸弘）

第12章

面接をどうやって締めくくる？

(フィードバック・メッセージの作り方)

〈なぜフィードバック・メッセージが必要か？〉

　SFAでは面接をしめくくる時，その前にちょっと休憩を取り，その間にセラピストがフィードバック・メッセージを作り，最後にそれをクライエントに伝えて終わります。

　わざわざクライエントを待たせて休憩を取り，戻ってきてメッセージを伝える，というやり方は家族療法では馴染みの手法ですが，個別の面接を主として来られた方は奇異に感じられるかもしれません。SFAでは家族に限らず個別面接でも必ずこの方法を取ることが推奨されています。慣れないうちはちょっと抵抗がありますが，やってみると確かにそれなりのメリットがあることがわかります。

　セラピストにとってフィードバックは，「面接の振り返り」です。一旦面接場面を離れて頭をリセットし，クライエントが話したことを要約して相手に返します。従来の家族療法では，ここで「課題を出す」ことが主な目的でしたが，SFAでは違います。フィードバックという名称からもわかるように，セラピスト側から新たに課題を出すのではなく「面接の中でクライエント自身が話したことの中で解決に役立ちそうな部分」をクライエントに返すのです。どのポイントを選択するかが重要です。もちろん「問題」ではなくクライエントが頑張っている所，うまく行っているところ，つまり「リソース」を中心にまとめます。いわば，クライエントの話を解決のフィルターにかけて返すのです。そしてクライエントが解決を見つけやすいような提案を出したり，見つかった解決に向かって行けるような後押し（エンパワメント）をしたりします。

　時々「相談に行ったのにカウンセラーは黙って聴いて，最後に『ではまた来週』と言うだけだった」という話を聞くことがありま

す。これではクライエントに失礼ですし,役に立っていないことになります。私は,一生懸命話して下さった相手にお返しやお土産,それが無理でもせめて領収書は渡さなければ失礼だという気持ちでメッセージを出しています。

　メッセージの効用はこのほか,決まった時間で区切りやすい,距離をとり,巻き込まれを防ぐ,次の面接で予想以上の進展へつながるなど,さまざまな働きをしています(相場 2008 参照)。[41]

　もちろんこれは"スタンダードな面接では"という話で,実際の現場ではとてもそんな余裕がないことがあるでしょう。SFA 的な会話はちょっとした立ち話でも,電話でのやり取りでも可能ですから,「休憩を取ってメッセージを返す」なんて日常場面では無理なこともあります。しかし,休憩を取る時間がない時や,短い立ち話の後でも,何か締めくくり,お返しの言葉をかけることはできます。

　　例:「もう行かなくてはならないのですが,この次もっと聞きたいです」
　　「お話ししてくれてありがとう,あなたの大変さがよくわかりました」
　　「大変なんだねー」
　　「ガンバッテルネー」
　　「応援してるよー」
　　「ちょっとでもうまく行ったことがあったら次の時教えてください」　などなど……

〈フィードバック・メッセージのコツ……料理は盛り付けで決まり〉

　さて,フィードバック・メッセージの作り方のコツを伝授しましょう。私たちの経験で感じていることは,まず,①"面接というものは,きちんと終わらせることに意味がある"ということです。なかなかヒントになる材料がセッションの中で見つけ出せなかったり

---

[41]「SFT における面接構造の重要性とフィードバック・メッセージの機能」
相場幸子　ブリーフサイコセラピー研究　17-2　2008　pp.91-101

第12章　面接をどうやって締めくくる？（フィードバック・メッセージの作り方）

すると、セラピスト側が力んでしまってその結果、ついつい面接が長〜くなってしまったという経験はありませんか？　しかし一見どんなにめちゃめちゃな面接でも、②"じっくり探せば良い材料は必ず少しはあるもの"です。つまり、極論を言えば、SFA的な展開に全くならなかったようなセッションであっても、その中から材料を拾う力量がセラピストにあれば、メッセージは必ず何とか構成できるのです。

どんなに一生懸命傾聴していたとしても、何も伝えずに終わったらクライエントは「？」と思うだけでしょう。いくら美味しい料理でも最後の盛り付けがぐしゃぐしゃだったり、汚い器でぞんざいに出されたら食欲も起きないでしょう。セラピストに必要なのは、料理人のように「丁寧に作り終えた料理をきちんと盛り付ける姿勢」でしょうか。たとえ凄いご馳走でなくても、有り合わせの材料でも、既にある素材をきちんと盛り付けると、何とか形になる……つまりクライエントの役に立てることができるのです。

メッセージの構成はインスーとピーターのテキスト[42]にある通り、①コンプリメント、②ブリッジ、③提案、の3つですが、詳しいことはワーク12-1の手順の中で説明します。

提案の種類には、

1　何も提案せず、次の面接に繋げる
2　観察提案
3　実行提案

があり、これらをどのように使い分けるかについて、テキストの内容を次ページの図15にまとめました。特に事前に注意しておくことは、

1　コンプリメントは抽象的な言葉ではなくクライエントの言った言葉をそのまま拾ってそれを高く評価している気持ちを伝えること。
2　ブリッジが難しいとよく言われるが、コンプリメントの一つを

---

[42]　前出「解決のための面接技法」第3版 pp.123-127，第4版 pp.112-116

取りあげ,「〜なので」と提案につなぐように考える。
3 提案はセラピストが知恵を絞って考える必要はなく,ほとんどの場合クライエントの状況に合わせた公式提案(図15参照)を選べばよい。

などです。

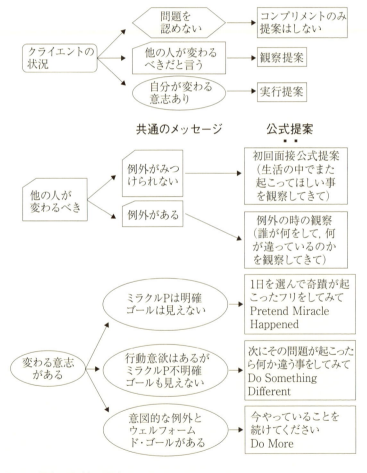

図15 提案の選び方の原則

第12章 面接をどうやって締めくくる？（フィードバック・メッセージの作り方）

〈フィードバック・メッセージの練習と現場〉

 札幌でほぼ毎月行っている私たちの勉強会では，多くの場合その時，支援の仕方で悩んでいたり，セラピストとして困っていたりする方に優先してケースを出していただき，ロールプレイなどでSFAを実践しながら学んでいくという方法を取っています。こういう勉強会の場面では，面接の練習やディスカッションがじっくりできますから，フィードバック・メッセージ作りの練習も，ここでやらないという手はありません。練習が現場と違うのは，クライエント役になった人からさまざまな感想を後から聞けるというところです。ここに勉強会でメッセージを伝えてみる利点があります。

 クライエント役とセラピスト役のロールプレイで「休憩」を取って（〈ワーク〉11-2の⑩のところです），最初にコンプリメントできることをみなさんに順番に挙げてもらいます。次に提案を出すか，出さないか，出す場合は観察提案か実行提案かを決め，提案の内容を議論します。ブリッジは「あなたのおっしゃる通り〜なので」と提案につなぐ言葉を考えます。

 そして，これまでいろいろやってみて感ずることは，良いフィードバック・メッセージが作れたら──より正確に言うと，作ったフィードバック・メッセージがクライエントにとって「良かった」「役に立った」「ヒントになった」などの印象で受け止めてもらえたら（＝クライエントにフィットしたら）──ぐんとその回のセッションの意義が高まる，ということです。もちろんこれは，クライエントがより短期的（ブリーフ）に楽になり，より少ない回数でセッションが終わっていくことにつながって行きます。

 さて，フィードバックの質でクライエントの反応が違ってくるということが分かると，セラピストとしてもメッセージ作りへの情熱も湧くというものです。が，一方ではその難しさもわかってきます。一番多い失敗はメッセージ作りに時間がかかり，クライエントを待たせ過ぎることです。休憩時間はできれば5，6分，どんなに長くても10分以内にしましょう。必要なのは立派なメッセージではなく，こちらの心を伝えることです。

おそらくフィードバック・メッセージの上達にはこれと言った近道はなく，何度も繰り返して自分なりのコツをつかみ，人のやり方からヒントをもらい，そして最後は実際のクライエントの反応で学んでいくという方法以外ないように思います（もっと良いアイデアがあれば，誰か教えてください！）。上手になるための特別のワークが思いつきませんので，ここでは我々の勉強会でどんな風にメッセージを作るのかを書きます。SFA関連の成書に書いてあることとさほど変わらないのですが，経験上感じていることは付け加えたいと思います。

いずれにせよ，フィードバック・メッセージ作りの練習をグループでする時は，異なる意見やアイデアを出し合い，クライエントの役に立つよう（押し付けにならぬよう，またクライエントの価値観やリソースを大いに盛り込んで）まとめようという雰囲気そのものが大切だと思います。

〈ワーク〉 12-1 フィードバック・メッセージを考え伝える練習（初心〜）

【グループワーク】

① ロールプレイの中でみんなで話し合ってメッセージを作る。

　ワークというより，実際にメッセージをみんなで作ってみるということに尽きます。11章で述べた役割分担面接でも，普通の通し面接のロールプレイでも，面接が一区切りついた所や一定時間が過ぎたところで，メッセージ作りの協議に入ります。

　メッセージの構成はすでに述べたように，①コンプリメント，②ブリッジ，③提案です。

② 作ったメッセージを，ロールに戻って，実際にクライエントに伝える。

③ みんなで感想を共有。

　この順序で進んで行きますが，以下1つずつ説明します。

第12章　面接をどうやって締めくくる？（フィードバック・メッセージの作り方）

(1) チームで素材を選び出す

ア　コンプリメントを多めにリストアップする：面接の中で語られたことの中から，クライエントの頑張っているところや良いところをたくさんリストアップしましょう。問題とは直接関係ないようなクライエントの能力や美徳なども，わかった部分はちゃんと挙げておきましょう。クライエントにとっての重要人物（VIP）についても，同様にコンプリメントの材料を揃えます。

　セラピスト・チームから見て，欠点に思えるようなことは言及しないか，あえて触れるならリフレーミングしておきましょう。（例：臆病→慎重）

イ　ブリッジ：クライエントの価値観，つまり大切にしていることを取り上げます。悩んでいることのその内容自体，また悩み方，クライエントの生き方などから読み取ることができます。基本的にセラピストはそれに同意することが必要です（例：「ほっておけない」と言うクライエントの，人を大切にする価値観に同意）。

　順序としては，提案を先に考え，それに合うようにブリッジを考える方が楽なようです。

ウ　提案：「提案の選び方の原則」（図15）を参考にしてまず提案を出すか，出さないか，出すとすれば観察提案か実行提案かを決めます。研修や講座ではこの図を全員に先に配布しておくと便利です。

　実行提案と言っても「クライエントに何かやらせよう」とセラピスト側が考える必要はありません。以前はタスク，あるいはホーム・ワークとも言っていましたが，これらの表現ではいかにも「帰ったらやってみてね」という意味が込められているように見えます。しかしSFAでは，クライエントが提案を実行したかどうかを特に確かめません。クライエントはやらなかったり，気に入って帰ったけれども忘れてしまったり，いろいろな事情があり得ます。もし実行されなければ，提案がクライ

エントに合っていなかったと考えます。実行されれば，合っていた（フィットした）と考えます。それだけです。提案するほうも気楽ですし，出される方も実行しなかったからといって指摘されることはありません。提案の実行そのものよりも，クライエントとその生活に何か良い変化が生じたかどうかの方が大切です。

　もちろん，クライエントがやる気満々で努力を厭わないような時には「新しいことをはじめる」というタスクも使いますが，あまり戦略的な方法をひねり出す必要はありません。この場合も，それが成功するか否かよりも，クライエントが気に入るかどうかが大切です。私は，悩みに悩んで「この状況から抜け出せるなら，つらくても何かやりたい」というクライエントには，少々意図的に（それも正直に明かしながら）やるのは非常に大変だけれども，やれば価値があるのは確実なタスクを出すことがあります。ウェルフォームド・ゴールの構成と同じく，できるだけクライエントの負担にはならないが，やるならほんの少し苦労も生ずるものがふさわしいと考えるからです。一言で言えば，クライエントのモチベーションの温度に合わせることが重要なのです。

(2) メッセージを伝えるセラピスト役を決め，述べることを箇条書きにする

　一人でやる自信が誰もないなら，2, 3人で分担してもいいです。初心者がやることになった場合は，グループ内の比較的上級者がある程度，メッセージの伝え方の流れを構成してあげるといいでしょう。箇条書きだけで大丈夫という人がセラピスト役になったら，そのまま (3) に行きましょう。

　箇条書きの内容は上記の「a．コンプリメント」「b．ブリッジ」「c．タスク」を並べておくことです。実際の台詞の構成は，この後実例を示しますので参考にしてください。

(3) セラピスト役がメッセージをクライエントに伝える

　紙に書いたものをただ読むのではなく，クライエントの顔を見な

第12章 面接をどうやって締めくくる？（フィードバック・メッセージの作り方）

がらその立場に敬意を表し，クライエントの反応を見て話す練習が必要です。上級者になれば，クライエントの反応に合わせてメッセージを即時に修正することもできるようになります。実際にやらないとなかなか身に付かない部分です。この部分はクライエントへの傾聴ではなく，基本的に"伝える"ことに集中しましょう。実際の面接においても，まだ喋り続けるクライエントが時々いますが，「ここはぜひ聞いてください」と言って止めたこともあります。クライエントの発言を封じる意図はもちろんありません。が，対話は双方向的になって初めて意味を成すものだと思います。メッセージの後にクライエントが自発的に感想を言ってくれるならば喜んで聞きましょう。ロールプレイの場合，長くなりそうならば一旦終わってもらい，次のシェアリングの場面で改めて聞くことにします。

　フィードバックでは，特別に「○○をしましょう」というタスクを作らなくとも良いということを再度強調しておきます。それよりも，メッセージを聞いたクライエントの側に「わかってもらった」感とか，自分の話したことが「まとまった感じ」などが適切に生ずれば，何も解決アイデアが出なくとも，面接が無駄だったことにはならないと思います。

　メッセージを皆で協議している間，クライエント（またはcl役）にどこにいてもらうか，迷われる方もあるかもしれません。場合にもよりますが，大抵私たちはその場に参加はしないが黙って聴いていてもらうことにしています。トム・アンデルセンの reflecting team や，ヤーコ・セイックラのオープンダイアローグと同じ状況になり，クライエント（役）は自分の問題について複数の人が真剣に話し合っているのを聴き，さまざまな，時には正反対の意見もあ

43　「リフレクティングプロセス（新装版）」トム・アンデルセン著，鈴木浩二監訳　2015　金剛出版（"The Reflecting Team: Dialogues and Dialogues About the Dialogues" Anderson,T. 他 1991　W W Norton ）
　「オープンダイアローグ」Y. セイックラ，T. E アーンキル著　高木俊介，岡田愛訳　日本評論社　2016
　「オープンダイアローグを実践する」（ヤーコ・セイックラ，トム・E・アーンキル，高橋睦子，竹端寛，高木俊介）　日本評論社　2016

り得るのだという貴重な体験ができます。もちろんこれは，メンバーの誰かがクライエントを傷つけるような発言をしないことが前提ですが，SFA 的な考え方が身につけば自然にそうなるので，メンバーにそのような勉強をしてもらうチャンスともなります。

(4) シェアリング

まずはクライエント役から感想を聞きましょう。コンプリメントがフィットしていたか，していなかったか，提案についてはどんな感じか，最終メッセージには入っていなかったが皆で話し合っていた時に言われた言葉で，心に残ったまたは不愉快だったコトバなど，たくさんの情報が得られるはずです。

その後全員から感想を聞きましょう。

〈実例：抜毛症のケース〉

受験勉強中の高校生女子。勉強中と入眠前のぼーっとした時間に，知らず知らずのうちに自分で髪の毛を抜いてしまう。そのため，右後頭部が抜毛で大きく禿げてしまっている。もちろん自分でも気になるがやめられない。母と一緒に相談に来所した。

面接では，受験勉強のストレスが多少あることを語る。前医に「ゴム手袋をして（毛をつまめないようにして）寝るといい」と言われて，大変怒った話など。SFA 的に未来の希望を聞くと，合格したら友達を作って，ファッションが興味あるのでお洒落もしたい等語る。その部分は極めて健康的。

このケースには以下のようなフィードバックを行った。

コンプリメント

「勉強して合格したいと考え，ちゃんと勉強していますね」

「勉強にストレスを感じることもあるけれど，目的を諦めず取り組んでいますね」

「大学生活に希望を持っていて，お友達とお洒落してすごす素敵な学園生活を期待していますね」

「友達を作ることには不安を感じていなくて，その点はこれまでも自信をもって生活してきましたね。大学でもきっといい友達がで

きそうですね」(母もうなずく)
　「ファッションに興味があるのも素晴らしいですね。合格したら，いろいろ楽しんでいる自分が見えているのですね。好きなことがあるのはとてもいいことですね」
　「お母さんも，受験勉強を陰から支えてくれていますね，体や気持ちのことも心配してくれていますね」
ブリッジ
　「たしかに受験はストレスだけれども，友達関係を大事にする人なんだなと思いました。とても大切なことですね。また，自分の力で何とかしたい気持ちがあって，強制的に何かさせられるのは嫌なんですよね」
提案・タスク
　「寝る前に，自分で素敵だなと思うリボンを指に巻いて，大学に受かったらどうしようかなと考えながら眠りについてみてください」

　2週後に再診したが，抜毛はだいぶおさまって，少し髪が生えて禿が目立たなくなっていた。なんとかやれそうな自信が少し出てきたと本人は言う。母も様子を見ていることができそうだと言うので，また問題があったら連絡もらうということにして，これで終了。ちなみに，タスクをやったかどうか，ついでのように聞いてみたら，「一晩だけやったけれど，後は特にやらなかった」とのこと。

〈メッセージは，面接の振り返り〉
　前述したように，短時間の立ち話や電話でのやりとり，面接室の施設上の都合，その機関の面接の仕方……などによっては，定型通りにはできない場合も多いです。そういう場合のメッセージの出し方のヒントとその練習方法を示します。
　フィードバック・メッセージは「面接の振り返り」ですから，その面接（立ち話でも）で，話したことを振り返って，解決構築のリソースになることを確認することです。いろいろなことを話した中

で、何を選択するかが重要
です。ポイントになるの
は、コンプリメントしたい
ところ、うまくいっている
ところ、頑張っているとこ
ろです。相手が「うまくい
っている」「頑張っている」
と思っているところを指摘
したり、ほめるのが定番で

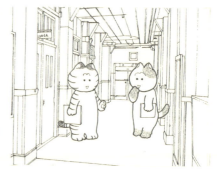

すが、相手が気づいていない、そう頑張っているとは思っていない
ところを指摘してほめるのもかなりよいです→「ネガポジ変換」
「万引きをほめる」を参照してください。

　自傷行為を繰り返している女子中学生と昼休みの短時間の面接
で、いくつか話しがあった中で「昨夜、おかあさんと喧嘩しすごく
辛くて、悲しくなって布団の中で泣いて寝ちゃった」という話がさ
れた時、終わる時に「お母さんと喧嘩しちゃったって、○○さん、
大人になったんだねえ」と伝えるというようなことです。もちろ
ん、時と場合によっては、このフィードバック・メッセージが適切
とは限りません。また、不登校の子どものお母さんの相談で、「あ
んまり態度が悪いので、腹立って私の方が家出して近所の友達の家
に行ってお酒飲んで盛り上がって、スッキリしたんですが、朝、あ
の子から『お母さん昨日どこ行ってたの？』と聞かれて、悪いこと
しちゃったなと反省してます」などと言われた後「プチ家出なん
て、素敵な息抜きですね。いくら親だからって、疲れ果てることも
ありますよ。あんまり、無茶しない程度に息抜きも必要だと思いま
す」などと返します。これも、こういう返し方をすれば必ずうまく
いくわけではありません。

第 12 章　面接をどうやって締めくくる？（フィードバック・メッセージの作り方）

〈ワーク〉 12-2　短い相談でフィードバック（初級〜）

【グループワーク】

「11-2 ワーク　面接の基本形（型）」を一度は経験した人，SFA 面接がある程度できるようになっている人向けに，短い相談でフィードバックをするワークです。

短時間の面接で，ポイントだけフィードバックするワークなので，フィードバックする内容は，

　ア　上手くいっているところ
　イ　頑張っているところ
　ウ　ネガポジ変換してコンプリメント

などを心がけるとよいでしょう。

① 所要時間：30 〜 40 分。
② ファリシテータ兼タイム・キーパー 1 人，グループ：3 人一組で行います。3 人は，セラピスト役，クライエント役，観察者役になります。3 人は，交代して全ての役を体験します。
③ クライエント役が自身の小さな問題をセラピスト役に相談する。
④ セラピストは問題を聞くと共に，できるだけ「例外」「ウェル・フォームド・ゴール」を聞く質問や「スケーリング・クエスチョン」などをする。
⑤ タイム・キーパーは，開始から 5 分位経過したら，「時間です。セラピスト役の人はクライエント役の人にフィードバックしてください。フィードバックが終わったら，クライエント役の人は，セラピスト役の人に「○○を指摘してくれてよかった」とか，「△△を言ってほしかった」とか感想を話し，フィードバックがクライエントに適切だったかどうか，観察者を含め 3 人で話し合ってください」と指示します。
⑥ セラピストはただちに，フィードバックを話し始めます。
⑦ 5 分ぐらい経過したら，タイム・キーパーが「切りのいいとこ

ろで，役割を交代して次の相談を始めてください」という。
⑧ ⑤〜⑦を繰り返し，全員が全ての役をする。
⑨ 全体での話し合い。各グループに，グループ内の話し合いでどんなことが話されたか発表してもらう。

解説と注意

　最初はうまくいかないと思います。それは，SFAの面接方法に慣れていないためです。SFAの面接方法に慣れてくると，クライエントの話を聞いている時に，「ここをコンプリメント」「ここはネガポジできる」「ここは万引きをほめるだ」とか気づくようになってきます。それをその場で言うか，後で言うか，後で言うのがフィードバック・メッセージということになります。面接が終わってからフィードバックを考えるのではないのです。もちろん，面接後に時間を取って面接を振り返って考えることで，気づくことがあったり，落ち着いてフィードバックをまとめることもできます。しかし，SFAの面接では，面接の最中に，すでに，フィードバックするところを探しているので，面接終了直後にフィードバックすることも可能なのです。

　このワークでは，観察者が，面接の最中に「ここはフィードバックに使える」と思ったクライエントの発言（だけ）をメモすることを薦めます。もちろんセラピスト役もできればそうした方がいいのですが，いろいろ他にもメモしたくなるかもしれませんから，ワークでは観察者の役割にしておきます。ジョエル・サイモン[44]の研修会では，面接中の記録（メモ）用紙の中に，フィードバックで使えると思った部分を記入する欄を作っておくことを薦めていました。すべての面接でこれを行うことで，フィードバック・メッセージが，より身近なものとなるでしょう。

　くどいようですが，SFA面接は繰り返し行うことで慣れるしか

---

[44] ジョエル・サイモン研修会　ソリューションランド主催　2016.7.9〜10

第12章　面接をどうやって締めくくる？（フィードバック・メッセージの作り方）

ありません。もうちょっと上達したらメッセージも出そう……ではなく，面接したら必ずメッセージで締めくくるようにしましょう。そして，勉強会などでロールプレイをしたら，必ずみんなでメッセージを考え，それをセラピスト役がきちんとクライエントに伝える所までやって下さい。また，日常の援助場面での対話の中でも，フィードバック・メッセージ，または締めくくりのコトバを必ず付け加えることを忘れないでくださいね。芝居だって，きちんと幕が下りなければ，お客はいつ帰ったらいいのかわからないでしょう？

　さて，これでこの本の最終章は終わりですが，私たちもうまく幕を下ろせたのかどうか自信はありません。最後にいわばエピローグとして，次のコラム，「オープンダイアローグ」をお楽しみいただければ幸いです。

〈第12章のまとめ〉──────────────────────
・フィードバック・メッセージで面接をきちんと終える（「結論が見つかるまで」と欲張らず1回ごとに締めくくり，少しずつの支援で行こう。ただしクライエントを待たせるのは10分が限度）。
・良い材料はじっくり探す（探せばあるものです。そのためにセラピスト・クライエントともクールダウン）。
・今ある素材をきちんと盛り付け（盛り付け・差し出し，両方練習しよう）。
・短い対話でも終りの一言を大切に。

〈コラム　理論編〉

ソリューションとオープンダイアローグ

　フィンランドで実践されていると聞くオープンダイアローグに注目が集まっている。精神障碍の急性期にチームで繰り返しアウトリーチして濃密な関わりを持つことで，患者さんの長期予後に驚くほど良好な結果をもたらすと聞く。しかもそれが薬物療法ではなく，"オープン"に"ダイアローグ"することの積み重ねが基本的にそのすべてだというのだから，臨床家の興味を惹かないはずがない。「そんなことが本当にあるのか？」，「どういうシステムになっているのか？」，「作用機序はどうなっているのか？」，「フィンランドと日本では条件が違うのではないか？　いや，日本でも可能か？」などなど，興味を持てば疑問も一緒に湧いてくるものだ。とはいえ，患者さんが本当に良くなるのなら，それを喜ばない治療者はいないだろう。

　私も高木・岡田（訳）の「オープンダイアローグ」を紐解いてみた。そこには，ある意味で辛辣とも受け取れる，しかし重要な一節があった。膝を打ちつつ納得したのは，以下の部分である──「よい実践とは，ある場所から別の場所に持ち運びできる『品物』ではない」[45]。そうなのか，という感覚と，やっぱりそうか，という感覚が一緒に来た。そして，この方法論に対して少しだけ私に残っていた不安が，むしろ氷解して行った。

　現時点で私は，オープンダイアローグについて解説できる立場にはない。が，少しずつ知れば知るほど，この方法論が人間どうしの関係性の質を重視したアプローチであることが分かってくる。（詳しくは各自当たってほしいが）ネットワーク療法とでもいうべき独特なスタンスを持っており，それは人と人との関係についてのある種の哲学や美意識を内に含んでいることがよく分かる。逆に，それがなければ形だけ真似したっ

---

[45]「オープンダイアローグ」ヤーコ・セイックラ　トム・エーリク・アーンキル（高木俊介・岡田愛　訳）　2016　日本評論社　p.185

〈コラム　理論編〉ソリューションとオープンダイアローグ

て効果はないだろうと思うし，だからこそ品物のようには運べないのだ。むしろ，なるほど，納得である。

　オープンダイアローグの土台の一つには，家族療法（ミラノ派）が挙げられている。ここで広く，精神（心理）療法や家族療法に話題を取ったとしても，およそ関係性を視野に入れた方法論はすべて，そのスピリットを理解しないで実践することはできないだろうし，やっても無意味だろう。特に，"システムとしての家族" (the family-as-a-system)[46]ではなく，"システムとしての家族療法" (family-therapy-as-a-system)[47]を視野に入れた，言いかえれば，家族と治療者を含めてシステムととらえるポストモダンのアプローチの場合は，なおのこと品物のように技法を受け渡すのは不可能であり，その"勘どころ"が治療者自身の身に付いていなければ何も始まらない。("勘どころ"とは，治療者も自らシステムの中にいて，自分の前程や考え方も柔軟に変えていく姿勢，ということになろうか。)

　そのような意味では，SFAに限らずポストモダンの家族療法は，どれもオープンダイアローグと深い関係を持つだろう。基本的な"勘どころ"を身に付けるためには，どの方法論も相互に役立つように私には思われる。だがその一方で，ではオープンダイアローグの独自性は何か，という話にもなるだろう。ヤーコ・セイックラ氏が論文のあちこちで，これまでの家族療法との違いを述べているが[48]，SFAに直接触れている一節は，以下である。「これはセラピストが，患者の経験をポジティブに構築すべく，そうした言葉ばかりを見出そうとするような『解決志向型』のアプローチとは対照的な態度です」[49]。これを読んだ時に私が思ったのは，え？　う～ん，ちょ，ちょっとだけ待ってくれますか？　という感想である。

　SFAに対するよくある誤解が，「これをやれば解決できるんですよね」的な，安易な期待の類である。また，ミラクル・クエスチョンやスケー

46　"The Death of Resistance" Steve de Shazer 1984 Family Process, vol23 (1)
47　"The Death of Resistance" Steve de Shazer 1984 Family Process, vol23 (1)
48　「オープンダイアローグとは何か」斎藤環（著＋訳）　2015　医学書院
49　前出「オープンダイアローグとは何か」p.165

リングをかじったばかりの初学者（過去の私を含む）が，ついついやらかしてしまう典型的な失敗が，解決を強要する solution-forced な態度である。SFA にはそもそも解決（solution）という名前が付いているから，知らない人からはどうしても誤解を受けやすく，さらに，学び始めてからの失敗もその初期の誤解に由来するところがあるかも知れない。その意味では，セイックラ氏の指摘はある程度は当たっている。しかし，きちんと SFA の実践が身に付いたセラピストならば，「患者の経験をポジティブに構築」することだけに血道を上げるようなことは絶対にしない。それでは変化が起こらないし，セラピスト側にある相手を変えようとする態度こそ，真っ先に変えなければいけないからだ。繰り返すが，相手を操作的に変えようとする態度は"システムとしての家族"（the family-as-a-system）を対象のように見る視線であり，そんなことよりも，まずは自分から変る姿勢が，"システムとしての家族療法"（family-therapy-as-a-system）の中で自分の役割を取ることなのだ。この点では，オープンダイアローグと大きな違いはないのではないかと，私は思う。

　むしろ SFA との違いは，オープンダイアローグができるだけ，多様な会話が相互的に廻るよう，セラピストが配慮する治療構造ではないかと思われる。これをバフチンのポリフォニー論で説明しており，結論や方向付けではなく多様な見方が響き合うイメージを目指しているのだと感じた。言語化が困難な病的体験で苦しんでいる人に，誰にでも当てはまる決まったレシピ（薬？）のような安易な解決法などあるわけがなく，そう考えれば，これもまた納得の行く話ではある。

　ただ，SFA のリレーションシップ・クエスチョン（関係性の質問）は，1 対 1 の面接場面であっても比較的容易に他者の視点を取り込める，非常に現場での有用性が高い質問の仕方である。この考え方は，ポリフォニックな臨床への端緒にも思われるが，いかがだろう。あまり意識されていないようだが，オープンダイアローグでも関係性の質問に類似した問いかけはしばしば行われるようだ。SFA では，一人で相談に来たクライエントであっても，リレーションシップ・クエスチョンを応用して，あたかも親しい家族や友人と一緒に来ているかのように話題を展開して

〈コラム　理論編〉ソリューションとオープンダイアローグ

いくことがよくある。従って，個人面接や家族面接をさほど意識して区別しないでも技法を身に付けられるし，もちろんネットワークをイメージしたリレーションシップ・クエスチョンもやろうと思えば簡単に行える。そう考えると，ポリフォニックか否かという点でも，SFAとオープンダイアローグでは方法論の中の比重の違い，程度の違いと言えるかも知れない（たしかに小さな違いではないが）。

さて，結論ではないが端的に，ある程度の機動力が求められるオープンダイアローグ（複数のセラピスト，即応性，臨機応変に患者の居る場所で行う，などの条件）が，精神病的な危機にも有効性を持つ（と聞く）のに比べれば，SFAはその簡素さ（対個人でも対集団でも可，アウトリーチでも面接室でも，電話でもメールでも，場面は問わない）から来る応用力の広がりがあり，この違いが臨床的には最も異なるところではないかと思われる。

ちなみに，高木・岡田（訳）の「オープンダイアローグ」で紹介されている，「未来語りのダイアローグ」（Anticipation Dialogues）には（両方が一緒に発展した方法論だそうだが），ミラクル・クエスチョンの応用がはっきりと意識されている「未来の想起（recalling the future）」[50]（注6）という技法がある。

先人の知恵を応用的に発展させていくことは，理論だけでは決して済まず，いつも現場を持っている実践的治療者にとって，常に求められる姿勢だと思われる。そう考えれば，違いを意識することも大切だが，学びあう姿勢こそさらに大切なことかも知れない。服用するレシピ（薬）だけではなく，語り合いのレシピも今後まだまだ発展して行くのであれば，そして，それで患者さんが良くなって行くのであれば，これほど嬉しいことはない。オープンダイアローグの登場は，そのような深い希望を我々に抱かせる。品物を輸入するようなやり方ではなく，わが国の臨床にどのように根付かせられるか，実は問われているのは我々の方ではないかと思うのである。

（阿部幸弘）

---

[50]「オープンダイアローグ」ヤーコ・セイックラ　トム・エーリク・アーンキル（高木俊介・岡田愛　訳）2016　日本評論社　p.9

引用・参考文献

はじめに
「みんな元気になる――対人援助のための面接法――解決志向アプローチへの招待」 解決のための面接研究会 2006 金剛出版

「解決のための面接技法」ピーター・ディヤング，インスー・キム・バーグ 桐田弘江他訳 第3版 2008，第4版 2015 金剛出版

「ブリーフセラピーの極意」森俊夫 2015 ほんの森出版

「心理療法の本質を語る――ミルトン・エリクソンにはなれないけれど」森俊夫ブリーフセラピー文庫① 森俊夫・黒沢幸子 2015 遠見書房

「効果的な心理面接のために――サイコセラピーをめぐる対話集」森俊夫ブリーフセラピー文庫② 森俊夫ほか 2017 遠見書房

第2章
「NLPのすすめ」オコナー&セイモア橋本訳 1994 チーム医療

「非言語コミュニケーション」A・マレービアン 西田司他訳 1986 聖文社 ("Silent messages" Albert Mehrabian 1972 Wadsworth Publishing Company)

第3章
「会話・言語・そして可能性――コラボレイティヴとは？ セラピーとは？」ハーレーン・アンダーソン 野村直樹他訳 2001 金剛出版 (Anderson H, (1997), Conversation, Language, And Possibilities: A Postmodern Approach To Therapy, Basic Books)

「ナラティヴ・時間・コミュニケーション」野村直樹 2010 遠見書房

「治療的人格変化の必要十分条件」ロジャーズ, C. R 伊東博・村山正治監訳 「ロジャーズ選集――カウンセラーなら一度は読んでおきたい厳選33論文」上巻 pp.265-285 2001 誠信書房 (Rogers, C. R, The necessary and sufficient conditions of therapeutic personality change, Journal of Consulting Psychology, 21; 1957, p95-103)

「ロジャーズの中核三条件」村山正治, 飯長喜一郎, 野島一彦 監修 2015 創元社

「解決志向の言語学――言葉はもともと魔法だった」スティーヴ・ディ・シェイザー 長谷川啓三訳 2000 法政大学出版局

第4章
「精神療法面接のコツ」神田橋條治 1990 岩崎学術出版社

「指導援助に役立つ スクールカウンセリング・ワークブック」黒沢幸子 2002

金子書房

第5章
「飲酒問題とその解決」インスー・キム・バーグ他　斉藤学他訳　1995　金剛出版

第6章
「解決の鍵」スティーヴ・ディ・シェイザー　小野直広 訳　1994　誠信書房（de Shazer, S. (1985). Keys to solution in brief therapy. New York: Norton）

「コンコーダンス　患者の気持ちに寄り添うためのスキル21」安保寛明・武藤教志　2010　医学書院

第7章
"More Than Miracles" de Shazer, S. Dolan I. et, al. 2007 Haworth Press. p.61

「ワークシートでブリーフセラピー」黒沢幸子編　2012年　ほんの森出版

「サポートグループ・アプローチ 完全マニュアル――解決志向アプローチ＋ピア・サポートでいじめ・不登校を解決！」八幡睦実 他　2015　ほんの森出版

"Becoming solution forced in brief-therapy" Nylund & Corsiglia 1994 Journal of Strategic & Systemic Therapies 13 (1), 5-12

第12章
「SFTにおける面接構造の重要性とフィードバック・メッセージの機能」　相場幸子　ブリーフサイコセラピー研究　17-2

「リフレクティングプロセス（新装版）」鈴木浩二監訳　2015　金剛出版（Anderson, T. 編の "The Reflecting Team: Dialogues and Dialogues about the Dialogues" 1991　W W Norton & Co を編集して翻訳）

「オープンダイアローグ」ヤーコ・セイックラ，トム・エーリク・アーンキル　高木俊介・岡田愛訳　2016　日本評論社

「オープンダイアローグを実践する」ヤーコ・セイックラ，トム・エーリク・アーンキル，高橋睦子，竹端寛，高木俊介　2016　日本評論社

「オープンダイアローグとは何か」齊藤環著・訳　2015　医学書院

ウェブサイト・映像教材
「ソリューションランド」のホームページ　http://www.solutionland.com/

「何かをしたいと思いたい」スティーヴ・ディ・シェイザーの面接VTR　カウンセリング Soft

あとがき

　私たちの「解決のための面接研究会」は，約20年間，北海道札幌でソリューション・フォーカスト・アプローチを学ぶ場として活動を続けています。2006年に『みんな元気になる〜対人援助のための面接法〜解決志向アプローチへの招待』を上梓し，それから約10年の今年，この本をまとめることができました。

　なんとのんびりした歩みだろうと思う一方で，通して読んでみて，身の丈に合った歩みだったとも思えます。1ページ，1ページに書かれた内容に，理屈や流行ではなく，勉強会のメンバーの臨床での経験がにじみでていると感じます。

　勉強会はどんな人でもソリューションに関心があって勉強したい人ならば参加可能です。前の本やこの本に執筆したメンバーのほかにもさまざまな分野，立場の人が去来しています。医療，教育，福祉，保健，司法，矯正，子育て支援，電話相談，企業の保健室，企業の経営，悩み事の当事者などなど……。ただし，あくまでもソリューションの勉強の場です。何かを得るものがあると感じた人が参加し続けています。そして，来る人は拒まず去る人は追わず，です。

　そんな勉強会を続けることで，この本にたどり着きました。私たちの経験がどれだけ読者のみなさんに届くか，役に立つのかわからないですが，私たちなりに表現し届けたい，必要とする人のお役に立ちたいという思いでこの本を作りました。その思いが届くことを祈念しています。

　全ての章は，龍島，阿部，相場の三人で書きました。最初，章ごとに担当を決めて書いたのですが，互いに推敲しているうちに，どの章を誰が担当したとは言い難くなってしまいました。そのため，章ごとの執筆者は省略してあります。コラムは，勉強会のメンバーに書いてもらいました。それぞれにとってのソリューションが描か

れた素敵なコラムになっています。書いていただいた方々に感謝です。

　2冊目のこの本の素敵な挿絵の数々は，円山みやこさんがこの本のために描いてくれたオリジナルです。思わず，フッと笑顔になる絵をありがとうございます。

　最初の本を担当してくれた山内俊介さんが独立して起こした遠見書房からこの本を出していただきました。あの本を出してからずいぶん経つにもかかわらず，相変わらず素人丸出しの私たちに付き合いちゃんとした本にしていただいたことに深く感謝しています。

　2017年6月

編著者一同

各章執筆者

龍島秀広：北海道教育大学教職大学院准教授。臨床心理士。北海道大学文学部実験心理卒。少年鑑別所・刑務所技官（心理職），コンピュータソフト会社を経て，北海道警察少年課（心理専門官），北海道警察科学捜査研究所（犯罪者プロファイリング担当），2010年から現職。

阿部幸弘：現在，公益財団法人北海道精神保健推進協会理事長，兼，同財団の独立型デイケア・こころのリカバリー総合支援センター所長。精神科医。北海道大学医学部卒。北海道立向陽ヶ丘病院，聖母会天使病院神経科，北海道立精神保健福祉センター相談部長を経て，H23年より現職。

相場幸子：臨床心理士。早稲田大学文学部心理専修卒。札幌家庭裁判所調査官，米国カリフォルニア大学バークレイ校人間発達研究所研究員，札幌市児童相談センター相談員等を経て北星学園大学文学部，社会福祉学部で教え，その間北海道クリスチャンセンター家庭福祉相談室ヴォランティア。2003年退職，名誉教授。1998年母子相談室「みみずく」開設。

コラム執筆者

相場幸子：非行少年，子育て相談，発達障害などの現場を経て大学で福祉や心理を教えてきた臨床心理士。定年後の今は，ソリューションの勉強会と自分で始めた相談室『みみずく』が生き甲斐？

龍島秀広：非行などの問題行動への対応に困り果て，解決志向に出会って20年，その考え方と方法で心理職を続けてこられました。今，その経験を少しでも必要としている方に伝えたい。

藤川麻由子：障がい児と健常児の劇団「のりりんず」団長を13年余ポツリポツリと続け，発達障害の息子達とより良い生き方を手探りしている札幌市乳幼児健診　臨床心理判定員。

八木明美：おっとりと癒し系口調と柔らか笑顔で相談業務している保健師。実は，三代続いたチャキチャキの江戸っ子！てやんでえ！

阿部幸弘：落着きなくあれこれ手を出し馬齢を重ね傾向（＋）の不真面目な精神科医。今は精神科リハ施設長。社会的入院の解消，ひきこもり相談，高次脳機能障害リハ，ピアサポーター養成に興味。

八幡睦実：小樽市立望洋台中学校　養護教諭，解決志向アプローチの考え方や面接技法を基盤とした「サポートグループ・アプローチ」を学校課題に適応し実践展開中。

木村靖子：特別養護老人ホーム介護員，ホームヘルパーを経て，居宅介護支援事業所の介護支援専門員になる。ソリューションと出会い10年，お陰で仕事を続ける事が出来ています。

森本義貴：市役所職員，心理職能判定員，生活保護ケースワーカー，精神保健・医療福祉分野などに従事。平成13年に解決志向と出会い，主に哲学的視点からソリューションを問う日々。

読んでわかる やって身につく
解決志向リハーサルブック
面接と対人援助の技術・基礎から上級まで

2017年8月8日　初版発行

著　者　龍島秀広・阿部幸弘・相場幸子
発行人　山内俊介
発行所　遠見書房

〒181-0002　東京都三鷹市牟礼6-24-12
　　　　　　三鷹ナショナルコート004
　　　　　　　　　　　　（株）遠見書房
TEL 050-3735-8185　FAX 050-3488-3894
tomi@tomishobo.com　http://tomishobo.com
郵便振替　00120-4-585728

印刷　太平印刷社・製本　井上製本所
ISBN978-4-86616-034-4　C3011
©Ryushima Hidehiro, Abe Yukihiro, & Aiba Sachiko 2017
Printed in Japan

※心と社会の学術出版　遠見書房の本※

遠見書房

森俊夫ブリーフセラピー文庫①
心理療法の本質を語る
ミルトン・エリクソンにはなれないけれど
　　　　　　　　　　森　俊夫・黒沢幸子著
未来志向アプローチ，森流気質論など独特のアイデアと感性で，最良の効果的なセラピーを実践できた要因は何か。死を前にした語り下ろし。2,200 円，四六並

森俊夫ブリーフセラピー文庫②
効果的な心理面接のために
心理療法をめぐる対話集　森　俊夫ら著
信じていることは一つだけある。「よくなる」ということ。よくなり方は知らん……。吉川悟，山田秀世，遠山宜哉，西川公平，田中ひな子，児島達美らとの心理療法をめぐる対話。2,600 円，四六並

DVD でわかる
家族面接のコツ③ P 循環・N 循環編
　　　　東　豊著／解説 黒沢幸子・森俊夫
初回と 2 回めの面接を収録した DVD と，書籍にはケースの逐語，東豊と黒沢幸子，森俊夫によるブリーフ的，システム論的解説を収録。家族面接 DVD シリーズの第 3 弾。6,600 円，A5 並

ディスコースとしての心理療法
可能性を開く治療的会話
　　　　　　　　　　　　　　児島達美著
世界経済や社会傾向の変動のなかで，心理療法のあり方は問われ続けている。本書は，そんな心理療法の本質的な意味を著者独特の軽妙な深淵さのなかで改めて問う力作である。3,000 円，四六並

子どもの心と学校臨床

SC，教員，養護教諭らのための専門誌。第 16 号 SC の個人面接——学校コミュニティの中での実践と課題（福田憲明編）。年 2 (2，8 月) 刊行，1,400 円

解決の物語から学ぶ
ブリーフセラピーのエッセンス
ケース・フォーミュレーションとしての物語
　　　　　　　　狐塚貴博・若島孔文 編著
リソース，ワンダウン，パラドックス，コンプリメント等，ブリーフセラピーを学び，ケース・フォーミュレーション力を培うことを目指す。2,400 円，四六並

緊急支援のアウトリーチ
現場で求められる心理的支援の理論と実践
　　　　　　小澤康司・中垣真通・小俣和義編
今，対人援助の中で大きなキーワード「アウトリーチ」を現場の感覚から理論と技術をボトムアップした渾身の 1 冊。個人を揺るがす事件から大規模災害まで援助職は何をすべきか？　3,400 円，A5 並

緊急支援のための BASIC Ph アプローチ
レジリエンスを引き出す 6 つの対処チャンネル
M・ラハド，M・シャシャム，O・アヤロン著
　　　　　　　　　佐野信也・立花正一 監訳
人は 6 つの対処チャンネル；B（信念），A（感情），S（社会），I（想像），C（認知），Ph（身体）を持ち，立ち直る。イスラエル発の最新援助論。3,600 円，A5 並

興奮しやすい子どもには
愛着とトラウマの問題があるのかも
教育・保育・福祉の現場での理解と対応のヒント
　　　　　　西田泰子・中垣真通・市原眞記著
著者は，家族と離れて生きる子どもたちを養育する児童福祉施設の心理職。その経験をもとに学校や保育園などの職員に向けて書いた本。1,200 円，A5 並

N: ナラティヴとケア

人と人とのかかわりと臨床・研究を考える雑誌。第 8 号：オープンダイアローグの実践（野村直樹・斎藤　環編）新しい臨床知を手に入れる。年 1 刊行，1,800 円

価格は税抜です